Paris
1865

Shakespeare, William & Heine, Henri

Timon d'Athènes suivi d'Intermezzo

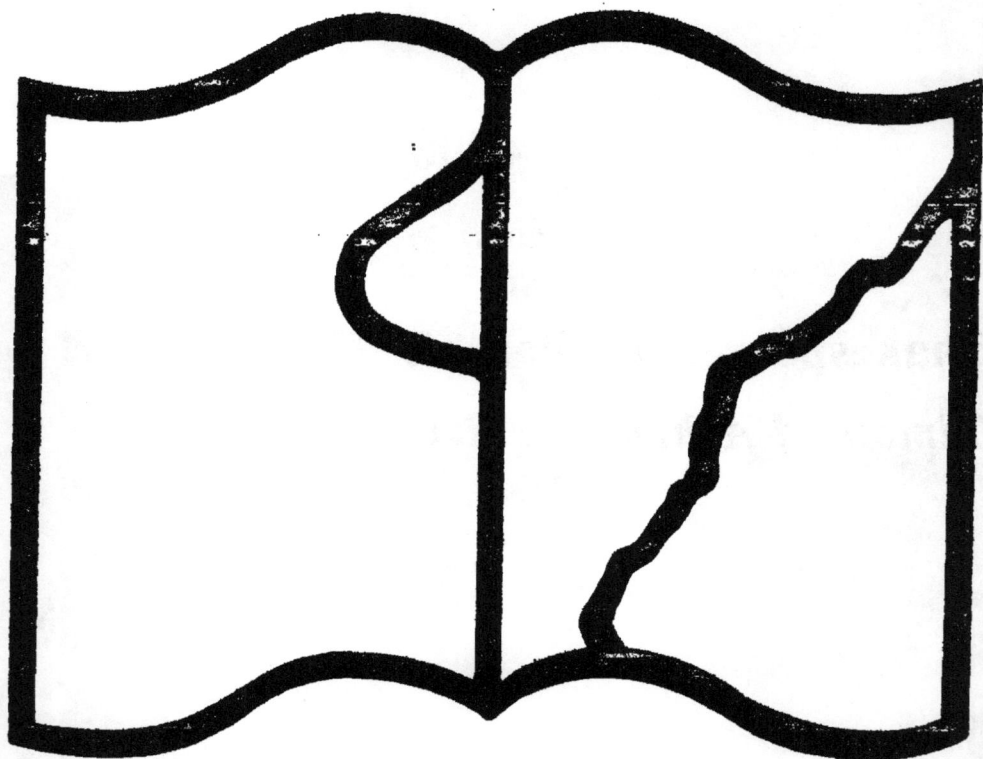

**Symbole applicable
pour tout, ou partie
des documents microfilmés**

Texte détérioré — reliure défectueuse

NF Z 43-120-11

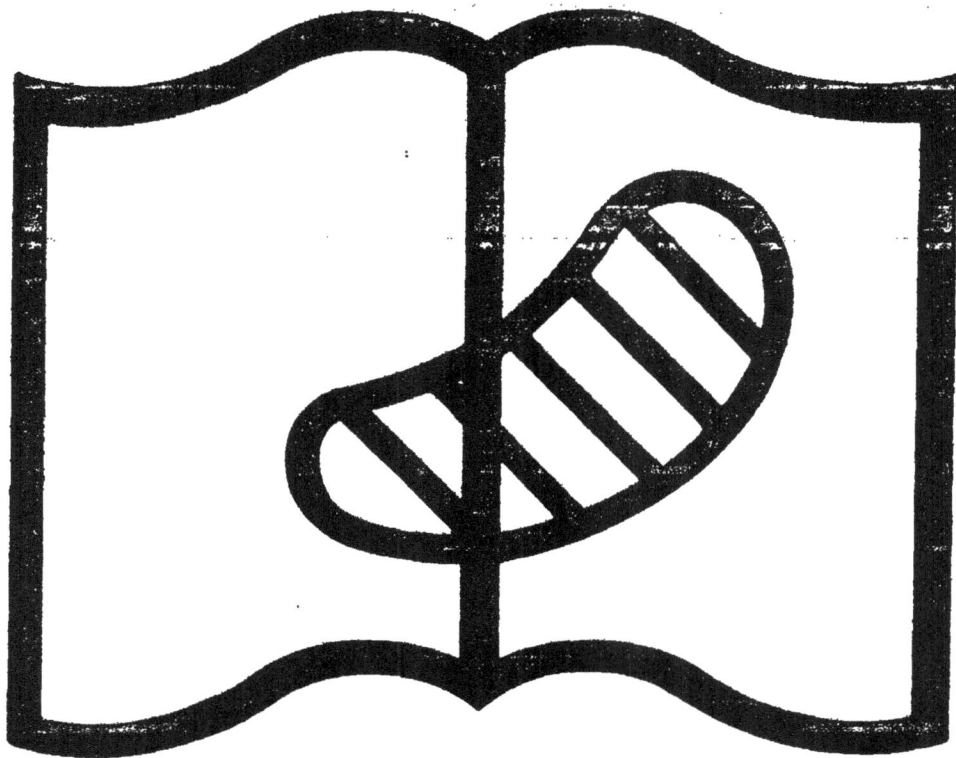

Symbole applicable
pour tout, ou partie
des documents microfilmés

Original illisible

NF Z 43-120-10

WILLIAM SHAKESPEARE

TIMON D'ATHÈNES

DRAME EN CINQ ACTES

SUIVI DE

L'INTERMEZZO

POÈME DE HENRI HEINE

TRADUCTIONS EN VERS

PAR

FR. PERROT DE CHEZELLES

PARIS

GARNIER FRÈRES, LIBRAIRES-ÉDITEURS

Rue des Saints-Pères, 6, et Palais-Royal 215

1865

TIMON D'ATHÈNES

L'INTERMEZZO

WILLIAM SHAKESPEARE

TIMON D'ATHÈNES

DRAME EN CINQ ACTES

SUIVI DE

L'INTERMEZZO

POËME DE HENRI HEINE

TRADUCTIONS EN VERS

PAR

ER. PERROT DE CHEZELLES

PARIS

GARNIER FRÈRES, LIBRAIRES-ÉDITEURS

Rue des Saints-Pères, 6, et Palais-Royal, 215

1865

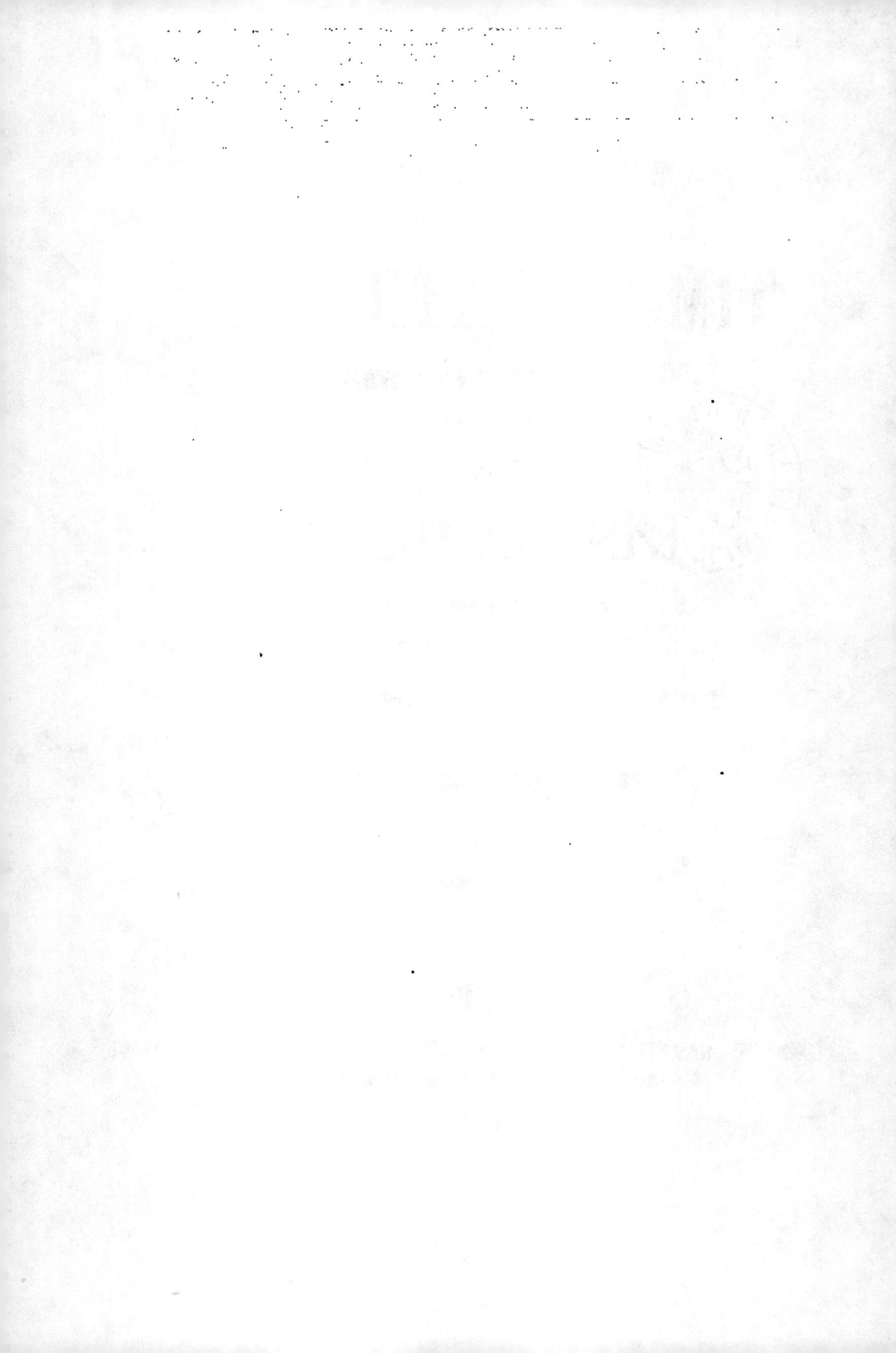

TIMON D'ATHÈNES

DRAME DE SHAKESPEARE

William Shakespeare naquit en 1563 ou 1564, et mourut en 1615 ou 1616, à Strafford-sur-Avon, dans le comté de Warwick.

On présume qu'il composa Timon d'Athènes vers l'année 1609.

Timon, surnommé le Misanthrope, était un philosophe athénien, né vers l'an 440 avant Jésus-Christ (Voir dans Plutarque la vie d'Alcibiade, xix, — et la vie de Marc-Antoine, lxxviii).

INTRODUCTION

La marque et le triomphe du génie, c'est d'incarner, en quelque sorte, dans des personnages historiques ou de convention, certaines passions et certains sentiments du cœur de l'homme : la jalousie dans Othello, l'amour dans Roméo et Juliette, l'hypocrisie dans Tartuffe, l'avarice dans Harpagon, la misanthropie dans Timon d'Athènes et dans Alceste.

Ces types, animés d'un souffle immortel, traversent les âges, en attestant la force créatrice du poète.

J'ai parlé de Timon d'Athènes et d'Alceste, rapprochement naturel qui met tout ensemble en relief, avec la différence des genres, le mode et la force de conception de Shakespeare et de Molière.

Celui-ci, fidèle au principe de la comédie qui châtie les mœurs en riant, nous montre un honnête homme, dont la

franchise et la droiture s'exaspèrent aisément de la politesse banale de Philinte, de la présomption d'Oronte, de
la perte d'un procès, de la coquetterie de Célimène, de la
bassesse et de la médisance des courtisans :

> « Je ne trouve partout que lâche flatterie.
> Qu'injustice, intérêt, trahison, fourberie :
> Je n'y puis plus tenir, j'enrage; et mon dessein
> Est de rompre en visière à tout le genre humain. »

Mais le voit-on vraiment déserter le monde,

> « Et chercher sur la terre un endroit écarté
> Où d'être homme d'honneur on ait la liberté ? »

Les dernières paroles de Philinte à Eliante (et qui ter-
minent la pièce) laissent ce point plus qu'incertain pour
le spectateur :

> « Allons, Madame, allons employer toute chose
> Pour rompre le *projet* que son cœur se propose. »

M'est avis qu'Alceste demeure à la ville, pour trouver
abondante matière, et donner pleine issue à sa verve
grondeuse.

Qu'irait faire dans la solitude ce vertueux citadin ?

Le plan de l'écrivain anglais et ses développements sont
tout autres. Il faut aux drames des péripéties émouvantes
et de sinistres dénouements.

Timon n'est pas misanthrope comme Alceste dès l'entrée
en scène, mais tout au contraire *l'ami du genre humain*. On

voit naître et grandir la colère du *haïsseur des hommes* (1) ; s'il s'aigrit, ce n'est pas à propos de quelques minauderies féminines, du sonnet d'un fat, d'un procès perdu, ou sous l'irritation que peut causer à un esprit droit le caquetage des courtisans.

De minimis non curat Prætor. Shakespeare fait jaillir la misanthropie de son héros des profondeurs d'une âme tourmentée par l'adversité.

Timon est un grand seigneur d'Athènes qui prodigue, avec la plus magnifique insouciance, son cœur et ses richesses :

> *Donec eris felix, multos numerabis amicos.*
> *Tempora si fuerint nubila, solus eris.*

a dit Ovide. La ruine frappe cet homme généreux sans ébranler sa sublime confiance dans la reconnaissante amitié de ses protégés. Il fait appel, pour le secourir, à ceux qu'il a comblés de bienfaits. Tous le repoussent sous divers prétextes. Timon, feignant alors d'avoir simulé la détresse, invite à un banquet superbe tous ses faux amis.

Il adresse aux dieux d'énergiques objurgations sur l'ingratitude des hommes :

> « Grands bienfaiteurs du monde, inspirez aux mortels
> D'être reconnaissants. » — (Acte III, scène VI.)

et faisant découvrir les plats, qui n'étaient remplis que

---

(1) *Montaigne*, livre 1, chapitre L.

d'eau chaude, il leur jette à la tête cette eau et les plats qui la renfermaient :

> « Nobles amis de bouche, avant votre trépas,
> Puissiez-vous ne jamais faire un meilleur repas !
> L'eau tiède et la vapeur sont vraiment votre image.
> Voici le dernier don que vous offre en partage
> Ce Timon qui, paré d'éloges imposteurs,
> S'en lave, et jette au front de ses adulateurs
> Leur turpitude même encor toute fumante ! »

Timon se retire ensuite dans les bois, pour y mourir. Nous l'y retrouvons plus misanthrope que le sauvage Apemantus lui-même, un de ses visiteurs du temps passé.

Comme le sentiment de l'injustice révolte surtout les natures d'élite, sa haine et son mépris des hommes atteignent bientôt le paroxisme de la rage.

Rien n'égale la sombre éloquence et l'âpre vigueur de ses imprécations du quatrième acte contre l'humanité et contre l'or.

Il y a donc entre les situations et les caractères d'Alceste et de Timon toute la distance qui sépare, dans leurs causes et dans leurs effets, de légers froissements d'une sanglante blessure.

Le premier, toujours hautain et digne, reste gentilhomme jusque dans ses rudesses; misanthrope de dédain, il ne déteste l'humanité que par regret de ne pouvoir l'estimer.

Le second, haineux par colère et par ressentiment d'un

malheur non secouru de ses obligés mêmes, fait éclater, dans ses invectives désespérées, la violente amertume du cynique.

Admirables l'un et l'autre, Molière a saisi et noté, dans sa comédie, les travers d'Oronte et d'Alceste avec le même génie qui avait fait parler, dans le drame de Shakespeare, les passions d'Apemantus et de Timon.

Chacun est resté, en y excellant, dans son domaine : à l'auteur comique la satire, au dramaturge le pathétique.

On peut affirmer d'ailleurs (en admettant qu'il l'ait connu) que notre poète ne s'est point préoccupé du Timon d'Athènes.

Est-ce à dire que je m'incline devant l'œuvre de Shakespeare avec cet enthousiasme imbécile qui se prosterne en fermant les yeux devant une idole? — Non, sans doute! Le Timon du vieux William manque, j'en conviens, de vrais rôles de femmes; il n'est pas exempt de trivialités, objecteront encore les délicats; il contient des épisodes inutiles, ajouteront les impatients. Mais cet ouvrage renferme assez de beautés de premier ordre pour couvrir, et bien au delà, ses défauts.

Dans cette pièce enfin, comme dans beaucoup d'autres, personne n'a surpassé le grand poète pour l'ampleur de la conception et la singulière puissance des images.

Si le *Misanthrope* n'offre avec *Timon d'Athènes* aucune affinité de situation, une pièce toute moderne s'en est évidemment inspirée. — Ceci n'est pas une critique, mais

la simple constatation d'un fait. M. François Ponsard ne
pouvait prendre un meilleur modèle. — Le début de
l'Honneur et l'Argent rappelle en effet très-visiblement
(dans des proportions moins larges) le début de Timon; de
même, les refus motivés des anciens amis et obligés de
George, dont il réclame l'assistance après sa ruine; de
même, ses imprécations à ce moment.

Un mot sur le système qui a présidé à mon travail. Bien
qu'adoptant la forme du vers, je me suis fait une loi de
ne pas transiger avec le texte original, et de le rendre
fidèlement. Le moindre changement n'enlève-t-il pas à une
traduction sa vraie valeur d'étude et de curiosité litté-
raire ? — Au lecteur d'apprécier si mes efforts ont réussi;
cependant je repousse d'avance tout reproche d'une volontaire trahison.

E. P. C.

Mai 1865.

PERSONNAGES :

TIMON, seigneur athénien.

LUCIUS,
LUCULLUS, } nobles d'Athènes, flatteurs de Timon.
SEMPRONIUS,

VENTIDIUS, un des faux amis de Timon.

APEMANTUS, philosophe d'humeur sauvage.

ALCIBIADE, général athénien.

FLAVIUS, intendant de Timon.

FLAMINIUS,
LUCILIUS, } serviteurs de Timon.
SERVILIUS,

CAPHIS,
PHILOTAS,
TITUS, } serviteurs des créanciers de Timon.
LUCIUS,
HORTENSIUS,

DEUX SERVITEURS de Timon, et UN SERVITEUR d'Isidore, créancier de Timon.

CUPIDON, et masques.

TROIS ÉTRANGERS.

UN POÈTE.

UN PEINTRE.

UN JOAILLIER.

UN MARCHAND.

UN VIEILLARD athénien.

UN PAGE.

UN FOU.

PHRYNÉ,
TIMANDRE, } maîtresses d'Alcibiade.

Autres seigneurs, sénateurs, officiers, soldats, maraudeurs et valets.

*La scène est d'abord dans Athènes, puis en des bois
voisins de cette ville.*

ACTE PREMIER.

Scène I.

ATHÈNES. — *Vestibule du palais de* TIMON.

Entrent, par différentes portes, un POÈTE, un PEINTRE, un JOAILLIER, un MARCHAND, et autres personnages.

LE POÈTE.

Bonjour !

LE PEINTRE.

Je suis ravi de vous voir bien portant.

LE POÈTE.

Et comment va le monde ?

LE PEINTRE.

Il s'use en vieillissant.

LE POÈTE.

Ne sait-on pas cela ! — Mais quoi de moins vulgaire,
Et quelle rareté qui soit particulière ?....
Admirez : ô bonté, que ton pouvoir est grand !
C'est toi de qui le charme, invincible, attrayant,

Réunit dans ces lieux une foule empressée,
Sur les pas de Timon à toute heure poussée.
— Je connais le marchand.

LE PEINTRE.

Je les connais tous deux :
L'autre est un joaillier.

LE MARCHAND, *de l'autre côté du théâtre.*

Quel mortel généreux !

LE JOAILLIER.

On ne peut dire rien de plus incontestable.

LE MARCHAND.

Je le tiens, quant à moi, pour homme incomparable :
Sa bienfaisance agit sans s'épuiser jamais.

LE JOAILLIER.

J'apportais un joyau.

LE MARCHAND.

Pourrais-je le voir ? — Mais
N'est-ce pas à Timon que vous pensez le vendre ?

LE JOAILLIER.

S'il propose un bon prix, nous devrons nous entendre.

LE POÉTE, *à part.*

« Après qu'il a loué pour un sordide gain
» Un être méprisable, avili, — c'est en vain

» Qu'il vante en de beaux vers une honorable vie,
» La plume du poète est souillée et flétrie. »

LE MARCHAND, *considérant le joyau.*

Ce bijou me paraît élégant et fort beau.

LE JOAILLIER.

C'est une riche pierre ; — admirable en est l'eau.

LE PEINTRE, *au poète.*

Vous méditez sans doute ici quelque préface,
Et ce qui vous absorbe est une dédicace
Que vous comptez offrir au seigneur généreux
Révéré dans Athène ?

LE POÈTE.

　　　　　Oui, c'est un thème heureux
Qui se présente à moi ; — l'idée est excellente.
Comme d'un tronc fécond la sève jaillissante,
Telle, coule et s'épand notre inspiration ;
Le feu naît du caillou par la percussion,
Mais notre poésie éclate d'elle-même :
Torrent impétueux, en sa force suprème
Elle ne connaît pas d'obstacles à son cours,
On la voit les briser ou les franchir toujours.
— Et vous, qu'avez-vous là ?

LE PEINTRE.

　　　　　Moi, c'est une peinture.
— Quand donc livrerez-vous vos vers à la lecture ?

LE POÈTE.

Lorsqu'ils seront offerts. — Puis-je voir ce tableau ?

LE PEINTRE.

Certainement ; — je crois que c'est un bon morceau.

LE POÈTE.

Des figures l'aspect semble fort agréable.

LE PEINTRE.

Ce n'est pas merveilleux.

LE POÈTE.

                  Comment ! c'est adorable !
Que ce visage est digne, et noble, et gracieux,
Et quelle âme de feu brille dans ces beaux yeux !
La vive expression sur ces lèvres vermeilles !
Par Apollon ! jamais on n'en vit de pareilles.
Ce visage muet est encore éloquent :
O surprenants effets d'un sublime talent !

LE PEINTRE.

J'ai tâché d'imiter le naturel, la vie ;
Regardez cette touche, — est-elle réussie ?

LE POÈTE.

C'est mieux que la nature, et vraiment chaque trait
Est superbe ; — j'admire un modèle parfait.
Votre art dans cet ouvrage a mis plus d'énergie
Et plus de sentiment que n'en montre la vie.

(Entrent des sénateurs qui traversent le théâtre.)

LE PEINTRE.

Comme autour de Timon se pressent les flatteurs !

LE POÈTE.

Les fortunés mortels ! — Ce sont des sénateurs.

LE PEINTRE.

Voyez encore !

LE POÈTE.

        Ainsi courent sur son passage
Des flots de visiteurs. — Dans mon informe ouvrage,
J'ai peint un homme, à qui ce monde inférieur
Prodigue, avec ses soins, l'éloge adulateur.
Sans jamais m'occuper de détails trop infimes,
J'aime à prendre l'essor vers les plus hautes cimes.
Et laisse mon burin courir en liberté
Sur la cire. — Jamais par la malignité
Je ne souille un seul vers, — et, sans laisser de trace,
Ma verve, comme l'aigle, en montant, vole et passe !

LE PEINTRE.

Je ne vous comprends pas.

LE POÈTE.

        Je vais m'expliquer mieux.
Vous voyez accourir en foule dans ces lieux

Des hommes de tous rangs et de tous caractères,
Ou faciles ou durs, légers ou bien austères;
Ils offrent à l'envi leur hommage à Timon.
Cet opulent seigneur, si bienfaisant et bon,
Dispense ses trésors avec tant de largesse
Qu'il attire vers lui des gens de toute espèce.
Comme le courtisan, souple, bas et menteur,
Dont le lâche visage est un miroir flatteur
Qui reflète humblement la face de son maître,
Le sombre Apemantus, que vous devez connaître,
Lequel abhorre tout, et plus encor se hait,
Apemantus fléchit dès que Timon paraît;
Il se met à genoux, devant lui, sur la terre,
Il implore un regard, suppliant, en prière,
Et, fier d'un tel bienfait, s'éloigne tout joyeux.

LE PEINTRE.

Je les ai déjà vus converser tous les deux. .

LE POÈTE.

J'ai peint sur un grand mont, que le printemps couronne
De ses fleurs, la Fortune assise sur un trône.
J'ai placé sur ce mont, embelli d'arbres verts,
Des gens de tous états et de talents divers.
Pour leur avancement ils s'agitent sans cesse,
Interrogeant des yeux les yeux de la déesse.
Dans cette foule immense, et qui couvre le mont,

J'ai dépeint un mortel sous les traits de Timon.
Seul, de sa blanche main la déesse l'appelle :
Il monte vers le trône et s'avance près d'elle ;
Celle-ci, l'accueillant par des regards amis,
Change tous ses rivaux en serviteurs soumis.

LE PEINTRE.

Ce serait pour un peintre une heureuse pensée
Que de représenter cette foule pressée
Par le désir émue, houleuse et s'agitant
Sur la colline, au pied de ce trône éclatant,
Et ce mortel, sur tous élu par la déesse,
Gravissant au bonheur le cœur plein d'allégresse.

LE POÈTE.

Sans doute, mais veuillez m'écouter un instant.
Ces hommes étaient tous ses égaux par le rang
Ou ses supérieurs. — Le choix de la Fortune
Fait d'eux, dès ce moment, une cour importune
Qui l'accueille et le suit de mumures flatteurs.
Ses portiques sont pleins de ces adulateurs :
A-t-il un ennemi ?... leur langue insidieuse
Egorge son honneur ! — O bassesse honteuse !
L'étrier, qu'il foula, par eux est révéré,
A travers ses poumons l'air même est respiré !

LE PEINTRE.

J'entends bien, — mais après ?

2

LE POÈTE.

La Fortune changeante,
Reine capricieuse et d'humeur inconstante,
Précipite du mont ce favori si cher.
Alors tous les flatteurs, qui l'encensaient hier
Et rampaient après lui pour atteindre la cime,
Le laissent sans pitié rouler dans cet abîme,
Sans arrêter son pied, sans lui porter secours.

LE PEINTRE.

C'est l'ordinaire; on voit ces choses tous les jours;
Je puis, par cent tableaux, mieux que par le langage,
De ces revers soudains vous présenter l'image;
Mais il est bon de dire à Timon que souvent
L'humble aperçoit d'en bas la chute du puissant.

(Fanfares. — Entre Timon d'un air affable, et causant avec
le serviteur de Ventidius.)

TIMON.

Il est emprisonné ?

LE SERVITEUR.

Mon bon seigneur, sa dette
S'élève à cinq talents. — L'âme tout inquiète,
Il désire obtenir un mot de votre main
Qui puisse désarmer le courroux inhumain
D'avides créanciers. — C'est la seule espérance
Qui le console encore au sein de l'indigence.

TIMON.

Noble Ventidius ! — Je ne suis pas de ceux
Qui repoussent l'ami souffrant et malheureux,
Lorsqu'il le faut aider, d'un cœur impitoyable.
Ton maître, je le sais, est un homme honorable ;
Il est à tous égards digne d'être assisté ;
Je veux payer afin qu'il ait sa liberté.

LE SERVITEUR.

Vous aurez un ami reconnaissant, sincère.

TIMON.

Je lui ferai porter la somme nécessaire,
Pour, la dette soldée, acheter sa rançon.
Mais dis lui de venir en sortant de prison ;
Après un seul bienfait retirer l'assistance,
C'est montrer, selon moi, trop peu de bienfaisance :
Le faible, qu'on relève, on doit le soutenir.

LE SERVITEUR.

Puissent les dieux vous faire un heureux avenir !

(Il sort.)

(Entre un vieillard athénien).

LE VIEILLARD.

Ecoutez-moi, seigneur, entendez ma prière.

TIMON.

Sans peur et librement parlez, ô mon bon père.

LE VIEILLARD.

En ces lieux, vous avez, je crois, un serviteur
Nommé Lucilius ?

TIMON.

Oui.

LE VEILLARD.

Qu'il vienne, seigneur !

TIMON, *appelant*.

Lucilius !

(Entre Lucilius ;

LUCILIUS.

J'accours, maître ; que dois-je faire ?

LE VIEILLARD.

Cet homme, mon seigneur, un obscur mercenaire,
Ne craint pas de hanter dans la nuit ma maison.
Du négoce je vis dès ma jeune saison ;
En ma condition si je choisis un gendre,
Plus haut qu'à ce valet j'ai le droit de prétendre.

TIMON.

Hé bien ! qu'est-ce de plus ?

LE VIEILLARD.

J'ai pour unique enfant
Une fille, et je peux lui laisser en mourant
Tous les biens que j'ai su recueillir dans ma vie.

Cette fille est nubile à peine, et très-jolie;
A la bien élever j'ai donné tous mes soins;
J'ai dépensé beaucoup afin que de tous points
On trouvât mon enfant accomplie et charmante,
Et cet homme voudrait la prendre pour amante;
J'ai parlé vainement. — Vous êtes mon espoir,
Seigneur, défendez-lui désormais de la voir.

TIMON.

Il est honnête autant que je puis le connaître.

LE VIEILLARD.

Et c'est aussi pour moi, Timon, qu'il le doit être.
Que calme soit son cœur pour prix de sa vertu;
Mais qu'il laisse sa fille au vieux père abattu !

TIMON

Est-il aimé par elle ?

LE VIEILLARD.

                    Elle est jeune, elle est tendre;
Les souvenirs anciens nous font assez comprendre
Les faciles émois de cet âge charmant
Qu'on nomme la jeunesse.

TIMON, à *Lucilius.*

                    Aimes-tu son enfant ?

LUCILIUS.

Oui, très-noble seigneur, et je suis aimé d'elle.

LE VIEILLARD.

Si l'ingrate l'épouse, à mon ordre infidèle,
J'en atteste les dieux, je prends pour héritier
Un de ces vagabonds que l'on voit mendier,
Sans laisser à ma fille une obole en partage !

TIMON.

Quelle dot aura-t-elle au jour du mariage,
Choisissant un époux qui vous convienne bien ?

LE VIEILLARD.

Trois talents, — et plus tard elle aura tout mon bien.

TIMON, *montrant Lucilius.*

Je veux à son bonheur rendre un utile office.
Déjà depuis longtemps il est à mon service,
Pour des cœurs généreux ce doit-être un lien ;
De le récompenser j'aperçois le moyen.
Donnez-lui votre enfant : — Pour mon compte, j'avance
Pareille somme, et fais une égale balance
Entre les fiancés.

LE VIEILLARD.

                    Magnifique seigneur,
Elle est à lui, si vous engagez votre honneur.

TIMON.

Voici ma main, — prenez ma parole pour gage.

LUCILIUS.

De ma reconnaissance acceptez l'humble hommage :
Ce que j'aurai jamais de joie et de bonheur
Durant ma vie, à vous je le devrai, seigneur,
A vous seul.

(Sortent Lucilius et le vieillard.)

LE POÈTE, *s'avançant vers Timon.*

Daignez agréer cet ouvrage,
Et que longs soient vos jours préservés de l'orage !

TIMON.

Merci ! — Veuillez rester ici quelques instans,
Vous aurez ma réponse en demeurant céans.

(Au peintre.)

Ami, qu'apportez-vous ?

LE PEINTRE.

Acceptez, je vous prie,
Ce tableau que j'ai fait pour votre seigneurie.

TIMON.

Il est le bien venu. — D'après mon sentiment,
L'homme déshonoré, depuis qu'effrontément
Il trafique de tout, et ment à sa nature,
L'homme, bien regardé, n'est plus qu'une peinture ;
C'est un masque trompeur, tandis qu'en un tableau,
Les figures, qu'a su retracer le pinceau,

Sont bien exactement ce qu'elles semblent être.
Votre travail me plaît, — vous le pourrez connaître,
Si vous voulez attendre un moment dans ces lieux
Qu'on vous fasse appeler.

LE PEINTRE.

Vous protégent les dieux !

TIMON, *au joaillier*.

Ah ! bonjour, — votre main, — nous dînerons ensemble.
Votre bijou, monsieur, a subi, ce me semble,
Un notable rabais.

LE JOAILLIER.

Du rabais, dites-vous ?

TIMON.

Sans aucun doute, tant il est prisé par tous ;
Car si je le payais la somme qu'ils prétendent,
Je serais ruiné.

LE JOAILLIER.

Ceux mêmes qui le vendent
En donneraient ce prix. Puis, vous savez, seigneur,
Que souvent des objets de pareille valeur
Sont estimés selon la qualité du maître ;
Achetant ce joyau, vous le ferez paraître :
Son prix augmentera.

TIMON.

C'est un pur compliment.

LE MARCHAND, *qui s'est approché.*

Mais non, rien n'est plus vrai ; chacun en dit autant.

TIMON, *apercevant Apemantus.*

Voici quelqu'un ! — Si vous aimez la brusquerie....

(Entre Apemantus.)

LE JOAILLIER.

Puisqu'il est supporté par votre seigneurie,
Nous serons patients, et ferons comme vous.

LE MARCHAND.

Il n'épargne personne en son rude courroux.

TIMON.

Salut, Apemantus, aimable philosophe !

APEMANTUS.

Lorsque d'un homme aimable en moi j'aurai l'étoffe,
Quand j'irai te flatter ainsi qu'un chien soumis,
Lorsqu'on ne pourra plus trouver de faux amis,
Et que tous ces coquins seront exempts de vice,
Je rendrai ton salut.

TIMON.

Voilà bien ta justice ;
Tu les nommes coquins, et ne les connais pas.

APEMANTUS.

Ne sont-ils pas d'Athène ?

TIMON.

Oui vraiment.

APEMANTUS.

Dans ce cas
Je ne m'en dédis point.

LE JOAILLIER.

Vous croyez me connaître ?

APEMANTUS.

Appelé par ton nom, tu l'as bien vu peut-être.

TIMON.

Mon cher Apemantus, que vous êtes hautain !

APEMANTUS.

Oui, d'être autre que toi je rends grâce au destin.

TIMON.

Où t'en vas-tu ?

APEMANTUS.

De force extirper la cervelle
D'un brave Athénien.

TIMON.

Une action si belle
Pourrait causer ta mort.

APEMANTUS.

Tant mieux si je péris

Sans rien faire sortir !

TIMON.

Donne-moi ton avis

Sur ce tableau.

APEMANTUS.

Ma foi, c'est une œuvre assez bonne;
Car elle ne saurait faire mal à personne.

TIMON.

Le peintre n'a-t-il pas montré quelque talent ?

APEMANTUS.

Celui qui fit le peintre, et plus fort et plus grand,
A cependant produit un pitoyable ouvrage !

LE PEINTRE.

Vous êtes un vrai chien !

APEMANTUS.

Et ta mère, je gage,
Est de la même espèce ; — Ainsi, réfléchis bien :
De qui donc es-tu né si je ne suis qu'un chien ?

TIMON.

Apemantus, veux-tu me tenir compagnie ?
A dîner avec moi, ce soir, je te convie.

APEMANTUS.

Je n'ai point d'appétit à manger les seigneurs.

TIMON, *raillant.*

Les dames, en courroux, te fermeraient leurs cœurs.

APEMANTUS.

Manger les grands seigneurs, pour elles c'est bombance,
Et c'est de là souvent que vient leur corpulence.

TIMON.

La déshonnête idée !

APEMANTUS.

Elle est tienne, merci ;
Garde-la pour ta peine, interprétée ainsi.

TIMON, *lui montrant le bijou.*

Aimes-tu ce joyau ?

APEMANTUS.

Bien moins qu'une parole
Sincère, qui ne coûte à personne une obole.

TIMON.

Combien vaut-il ?

APEMANTUS.

Pas même.... un de mes sentiments.

Eh bien, poète ?

LE POÈTE.

Eh bien, philosophe ?

APEMANTUS.

Tu mens !

LE POÈTE.

Ne l'es-tu pas ?

APEMANTUS.

Mais si.

LE POÈTE.

Quel est donc le mensonge ?

APEMANTUS.

Ne te dis-tu poète ?

LE POÈTE.

Oui.

APEMANTUS.

Tu mens alors ; — songe
A ton dernier travail ; — dans une fiction
Tu fais pompeusement l'éloge de Timon.

LE POÈTE.

Est-ce une fiction ? — Certes, il en est digne.

APEMANTUS.

Oui très-digne de toi : car la louange insigne,
Qu'on paie, abaisse juste au niveau du flatteur.
Pourquoi ne suis-je pas aussi né grand seigneur !

TIMON.

L'étant, que ferais-tu ?

APEMANTUS.

Ce que l'on me voit faire.
Je pourrais de tout cœur, dans mon âpre colère,
Haïr un grand seigneur.

TIMON.

Quoi ! tu te haïrais ?

APEMANTUS.

Oui.

TIMON.

Pourquoi ?

APEMANTUS.

Pour avoir, en mes tristes souhaits,
Désiré d'être égal à votre seigneurie.

(Au marchand.)
N'es-tu pas marchand ?

LE MARCHAND.

Oui.

APEMANTUS.

Te perde l'industrie,
Si ne le font les dieux !

LE MARCHAND.

Les dieux m'auront perdu
Si le trafic me perd.

APEMANTUS.

Va, sois donc confondu

Par ce trafic, le seul dieu que ton âme adore !

(Fanfares. — Entre un serviteur.)

TIMON.

Quel est ce bruit ? — dis-moi ce qu'il annonce encore.

LE SERVITEUR.

Alcibiade, avec des cavaliers nombreux.

TIMON, *à ses serviteurs.*

Sur le champ, je vous prie, allez au devant d'eux,

Et les faites entrer.

(Sortent quelques serviteurs.)

(Au poète.)

Vous dînez à ma table,

Poète, je le veux.

(Au peintre.)

Vous, pour m'être agréable,

Sans mes remercîments ne vous éloignez pas;

Je verrai votre ouvrage à la fin du repas.

(A tous.)

Combien je suis charmé de votre compagnie !

(Entre Alcibiade, avec sa suite.

TIMON.

Soyez le bien venu !

(Ils s'embrassent.)

APEMANTUS.

         Fort bien ! — O félonie !
Que la goutte contracte et dessèche vos corps
Si souples à flatter ! — Malgré leurs beaux dehors,
Parmi tous ces coquins, prompts à la politesse,
Se peut-il rencontrer quelque peu de tendresse !
Moi, chez qui les élans d'une fausse amitié
N'ont fait naître jamais que mépris et pitié,
Je ne vois qu'un troupeau, dans notre humaine race,
De singes imposteurs dressés à la grimace.

ALCIBIADE.

Depuis un très-longtemps affamé du désir
De vous trouver, je goûte un extrême plaisir.

TIMON.

De même je bénis l'instant qui nous rassemble ;
Avant votre départ nous essaierons ensemble
Divers amusements : — Entrons donc, s'il vous plaît.
               (Tous sortent, excepté Apemantus.)
(Entrent deux seigneurs.)

PREMIER SEIGNEUR.

Apemantus, dis-nous l'heure du jour qu'il est.

APEMANTUS.

L'heure de bien agir.

PREMIER SEIGNEUR.

         Cette heure toujours presse.

APEMANTUS.

Tu n'es que plus maudit de l'oublier sans cesse !

DEUXIÈME SEIGNEUR.

Seras-tu du festin que va donner Timon ?

APEMANTUS.

Oui, pour voir se gorger de chair quelque fripon
Et le vin échauffer quelque tête rebelle.

DEUXIÈME SEIGNEUR.

Adieu, deux fois adieu.

APEMANTUS.

Quelle folle cervelle
Avec son double adieu !

DEUXIÈME SEIGNEUR.

Comment ?

APEMANTUS.

Garde pour toi
Un des deux, ne pouvant en avoir un de moi.

PREMIER SEIGNEUR.

Va te pendre !

APEMANTUS.

Non. — Fais cette offre charitable
A l'ami de ton choix.

DEUXIÈME SEIGNEUR.

Va-t-en, chien intraitable !
(Il fait mine de le chasser.)

3

APÉMANTUS.

Je pars comme le chien, qu'un âne du chemin
Chasse par sa ruade.

(Sort Apemantus.)

PREMIER SEIGNEUR.

Il n'a plus rien d'humain !
— Entrons-nous pour jouir de la bonté fameuse
De Timon ? Envers tous son âme est généreuse.

DEUXIÈME SEIGNEUR.

Autour de lui sa main pour bien faire s'étend ;
Plutus, le dieu de l'or, n'est que son intendant :
Payant sept fois au moins le plus léger service,
Si mince qu'ait été le présent ou l'office,
Il excède toujours au delà du commun
Le prix qui serait dû justement à chacun.

PREMIER SEIGNEUR.

Jamais si grand esprit ne fraya mieux la route
D'un homme.

DEUXIÈME SEIGNEUR.

Heureux soit-il ! — Entrons-nous ?

PREMIER SEIGNEUR.

Oui, sans doute !

(Ils sortent.)

Scène II.

Salle d'apparat chez Timon. — On entend un concert de
hautbois. — Un grand banquet est servi.

——————

FLAVIUS et divers attendent. — Puis entrent TIMON, ALCIBIADE,
   LUCIUS, LUCULLUS, SEMPRONIUS, et d'autres sénateurs athéniens, avec VENTIDIUS et des serviteurs. Suit APEMANTUS, l'air
   de mauvaise humeur.

VENTIDIUS.

Très honoré Timon, le pouvoir éternel
A rappelé mon père au séjour immortel.
Son tranquille trépas me laisse l'opulence,
Et je viens, amené par la reconnaissance,
Vous rendre ces talents, prix de ma liberté,
Que daigna m'envoyer votre humaine bonté.
— Vous apportant de plus, ainsi que mon hommage,
L'offre de mon service.

TIMON.

                    Insister davantage
Deviendrait une injure à mon affection.
Libre je fis ce don, et suis d'opinion
Que l'on ne donna point, acceptant qu'on vous rende.
Si nos maîtres parfois reprennent une offrande,

N'élevons pas si haut notre orgueil impuissant :
Une faute est trop belle en nous enrichissant.

VENTIDIUS.

Les nobles sentiments !

(Tous sont cérémonieusement debout, les yeux tournés vers Timon.)

TIMON.

Toute cérémonie,
Seigneurs, de ce palais devrait être bannie.
Son inventeur la prit comme un vernis trompeur
Aux basses actions ; — elle pare d'un cœur
L'accueil faux ; — on l'emploie à masquer l'artifice
De cette bonté feinte, avant le sacrifice
Repentante déjà. — Mais sert-elle de rien
A l'amitié sincère et qui cherche le bien ?
Veuillez vous seoir, ô vous, plus chers à ma fortune
Qu'elle à moi.

(Ils s'asseoient.)

PREMIER SEIGNEUR.

Cette idée à nous tous est commune.

APEMANTUS.

Oui, commune ! — Pourquoi n'êtes-vous pas pendus !

TIMON.

Philosophe, c'est toi ; — bonjour, Apemantus.

APEMANTUS.

Ne me dis pas bonjour, je viens pour qu'on me chasse.

TIMON.

Rustre, faut-il toujours te remettre à ta place ?
Ce langage irrité, ces féroces humeurs
Sont indignes d'un homme. On a dit, mes seigneurs,
Ira furor brevis; — voilà sur cette terre
Un des mortels les plus enclins à la colère.
Sur une table à part qu'on serve son repas :
Il n'aime pas le monde et ne lui convient pas.

APEMANTUS.

Laisse-moi demeurer à tes risques et chance;
Venu pour t'épier, je t'avertis d'avance.

TIMON.

Crois-tu donc que de toi je m'inquiète bien ?
Non ! mais je te reçois comme concitoyen,
Et je ne voudrais pas user de ma puissance;
Dans le festin pourtant observe le silence.

APEMANTUS.

Je n'ai pour ton festin qu'un regard méprisant :
Qu'il me suffoque avant d'être ton courtisan !
Dieux vengeurs ! quelle foule à ses banquets s'invite
Et dévore Timon, — cohorte parasite
Qu'il ne voit même pas ! Ce qui m'est plus blessant
Est de voir ces gens-là d'un seul boire le sang,
Et ce fou les choyer tous les jours davantage.
Je ne puis m'expliquer leur étrange courage

De se fier entre eux, — estimant, quant à moi,
Que dîner sans couteau devrait être leur loi.
Le repas vaudrait mieux, et chacun plus tranquille
Assurerait ses jours. D'exemples, j'en sais mille :
Tel avec son voisin rompt à présent le pain,
Et boit à sa santé, qui le tuera demain ;
Souvent on en a vu faire l'expérience !
Seigneur, je ne boirais jamais sans méfiance ;
Car je craindrais toujours qu'un convive cruel
Me cherchât au gosier l'endroit du coup mortel :
Les grands devraient pour boire y placer une armure.

TIMON, *portant un toast à l'un des invités.*

Ami, de cœur ! — Portons des santés sans mesure
A la ronde.

DEUXIÈME SEIGNEUR.

Vers moi qu'elles viennent, seigneur.

APEMANTUS.

Vers toi, très bien parlé ! — C'est un brave dîneur,
Il sait prendre son temps — Timon, veux-tu m'en croire,
Ces santés valent peu pour ton bien et ta gloire.

(Buvant un verre d'eau.)

Voyez cette eau limpide, innocente liqueur,
Qui n'a pas le pouvoir d'engendrer le malheur ;
Dans la fange jamais elle ne jeta d'homme :
Elle et mes aliments se ressemblent en somme ;

Mais trop d'orgueil préside aux festins somptueux,
Et personne n'y songe à rendre grâce aux dieux.

Actions de grâces d'Apemantus.

Priant pour ma seule faiblesse,
Non pour d'autres, dieux immortels,
Je n'implore point la richesse
    Sur vos autels !

Veuillez garder mon âme folle
De se fier légèrement,
Tant à l'écrit qu'à la parole,
    Même au serment ;

Aux pleurs que verse une maîtresse,
Aux chiens qui semblent endormis,
A mon geôlier ; — dans la détresse,
    A mes amis.

Comme le riche, de rapines,
Apemantus vit de racines ;
Entendez-le sur vos autels,
    Dieux immortels !

    (Il mange et boit.)

Me puisse le bonheur payer de ma sagesse !

    TIMON, *à Alcibiade.*

Votre cœur aux combats paraît rêver sans cesse,
Général.

ALCIBIADE.

Non, — mon cœur est tout entier à vous.

TIMON.

Pourtant je suis certain qu'il vous serait plus doux
De mettre un déjeûner d'ennemis en déroute
Que de dîner ce soir entre amis.

ALCIBIADE.

Point de doute
Que voir leur sang couler soit le meilleur repas.
Pour son plus tendre ami qui ne l'envierait pas !

APEMANTUS.

Traite comme ennemis cette troupe oisive
De flatteurs ; — les tuant, je serai ton convive.

PREMIER SEIGNEUR, à Timon.

Quand aurons-nous, seigneur, ce fortuné destin
Que tous nos cœurs par vous soient éprouvés enfin ?
Sans jamais souhaiter félicité plus belle,
Nous montrerions alors un peu de notre zèle.

TIMON.

N'en doutez pas, les dieux me réservent des jours
Où j'aurai, mes amis, besoin de vos secours.
Est-ce de l'amitié qu'une amitié stérile,
Et comment auriez-vous ce beau titre entre mille,

Sinon pour occuper plus de place en mon cœur ?
Je me suis dit souvent, dans mon intérieur,
Plus de bien de vous tous qu'aucun pour son estime
N'en avouerait ; ce bien, devant vous je l'exprime.
O dieux puissants, pensais-je, à quoi pourraient servir
Des amis qui n'auraient point à nous secourir ?
On ne saurait trouver d'êtres plus inutiles ;
Tels sont ces instruments, aux sons doux et faciles,
Qui, restant enfermés dans un étui fâcheux,
Conservent pour eux seuls leurs chants harmonieux.
Aussi, pour resserrer la chaîne qui nous lie,
J'ai souhaité parfois la pauvreté haïe ;
Nous sommes, selon moi, nés tous pour les bienfaits,
Et quel bien plus à nous, plus précieux jamais,
Que celui des amis vivant dans la richesse ?
Le vrai charme pour l'âme, et la vive allégresse
D'en posséder autant, tous frères, maîtres tous
Des trésors de chacun ! O bonheurs longs et doux,
Qu'on ressent même avant qu'ils aient pris la naissance !
Pour de mes yeux en pleurs cacher la défaillance,
Je bois à vos santés.

APEMANTUS.

Tu pleures, ô Timon,
Pour les mieux abreuver.

DEUXIÈME SEIGNEUR, *à Timon.*

Semblable impression

Est faite sur nos yeux par la même pensée :
Telle que d'un enfant leur paupière est pressée
De pleurs.

APEMANTUS, *riant.*

Cet enfant-là m'a tout l'air d'un bâtard.

TROISIÈME SEIGNEUR, *à Timon.*

Vous m'avez fort ému, je vous le dis sans fard.

APEMANTUS, *ironiquement.*

Oui, fort ému !

(Son de trompette.)

TIMON.

Qu'annonce encor cette trompette ?

(Entre un serviteur.)

LE SERVITEUR.

Des dames demandant, seigneur, qu'on leur permette
D'entrer.

TIMON.

Que pouvons-nous ici pour leurs plaisirs ?

LE SERVITEUR.

Elles ont un courrier qui dira leurs désirs.

TIMON.

Faites-les donc venir.

(Entre Cupidon.)

CUPIDON.

Timon, je te salue,

Et vous, sur qui s'épand sa bonté si connue !

Ainsi qu'à leur patron, les cinq sens en ces lieux

Accourent rendre hommage à ton cœur généreux.

Le goût et le toucher, l'odorat et l'ouïe

Se lèvent satisfaits de ta table choisie ;

Mais voilà maintenant qui va charmer tes yeux.

TIMON.

C'est bien ; — des instruments qu'un air mélodieux

Fasse accueil, — et laissez entrer à l'instant même.

(Cupidon sort.)

PREMIER SEIGNEUR.

Vous voyez, mon seigneur, à quel point l'on vous aime.

(On entend de la musique. — Rentre Cupidon avec des femmes costumées
en amazones, et qui tiennent des luths dont elles jouent en dansant.)

APEMANTUS.

O ciel ! ce fol essaim, gonflé de vanité,

Croit aller en dansant à la félicité ;

Comme il n'est que démence en notre gloire humaine,

De même, du néant de cette pompe vaine :

De racines et d'huile un peu le fait sentir.

Nous nous changeons en fous, pour mieux nous divertir,

Et nous flattons des gens, pour tromper leur faiblesse,

Que nous chargeons d'affronts aux jours de la vieillesse.
Quel homme ne corrompt ou n'est pas corrupteur ?
Lequel en expirant n'emporte dans son cœur,
Pour don de ses amis, quelque cruelle offense ?
Je craindrais que plus tard cette troupe qui danse
Ne me foulât aux pieds ; — n'est-il pas très-fréquent
De voir fermer la porte au soleil se couchant.

(Les seigneurs se lèvent de table avec force compliments à Timon; pour
montrer leur satisfaction, chacun prenant une amazone, ils dansent par
couples, et s'arrêtent après un ou deux airs de hautbois.)

TIMON.

Mesdames, vous avez employé pour nous plaire
Vos grâces; — parmi nous votre présence chère
De la fête a formé le plus bel ornement,
Et j'ai prêté mon âme à cet enchantement.
Avec effusion je vous en remercie.

PREMIÈRE DAME.

Vous nous traitez au mieux, puissante seigneurie.

APEMANTUS, *avec ironie.*

Oui ! — le pire serait un salaire d'argent,
Qu'elles refuseraient, je m'en porte garant.

TIMON, *aux danseuses.*

Un banquet vous attend dans la salle prochaine,
Disposez-y de tout comme en votre domaine.

TOUTES, *ensemble.*

Grand merci !

(Sortent Cupidon et les dames.)

TIMON, *appelant.*

Flavius !

FLAVIUS, *qui s'approche.*

Seigneur, que voulez-vous ?

TIMON.

Apportez mon écrin.

FLAVIUS.

(A part.)

Oui. — Toujours des bijoux !
Si je ne craignais pas de blesser son caprice,
Je saurais ;...... mais il faut que je l'en avertisse ;
Quand tout son bien sera follement dépensé,
Certe, il regrettera qu'on ne l'ait point blessé.
Que les bons n'ont-ils pas d'autres yeux en arrière !
On ne les verrait plus tomber dans la misère.

(Il sort et revient avec l'écrin.)

PREMIER SEIGNEUR.

Nos serviteurs sont là ?

UN SERVITEUR.

Les voici, mon seigneur.

DEUXIÈME SEIGNEUR.

Et nos chevaux ?

(Le serviteur fait signe qu'ils sont prêts.)

TIMON.

O vous, les amis de mon cœur,
Encore un dernier mot.

(Au premier seigneur, en lui donnant un bijou.)

Seigneur, je vous conjure,
Acceptez de ma main ce bijou pour parure,
Et me faites l'honneur de le porter sur vous.

PREMIER SEIGNEUR.

Je suis déjà comblé.

TOUS LES SEIGNEURS.

Le sommes-nous pas tous !

(Entre un premier serviteur.)

PREMIER SERVITEUR.

Des membres du sénat viennent qui sollicitent
De vous voir.

TIMON.

Bienvenus ceux-là qui me visitent !

FLAVIUS, *bas à Timon.*

Votre honneur voudrait-il m'entendre sur-le-champ ?
J'ai besoin de lui dire un secret important.

TIMON.

Important ? tu prendras pour le dire une autre heure ;
Va leur faire un accueil digne de ma demeure.

FLAVIUS, *à part.*

Sais-je par quel moyen ?

(Entre un second serviteur.)

SECOND SERVITEUR.

Lucius, en présent,
Donne quatre chevaux tout harnachés d'argent,
Et blancs de lait.

TIMON.

J'en ai de la reconnaissance ;
Que ces dons soient rendus avec munificence.

(Entre un troisième serviteur.)

Eh bien ! que venez-vous encore m'annoncer ?

TROISIÈME SERVITEUR.

Lucullus, pour demain, vous priant à chasser,
Offre deux lévriers fameux par leur vitesse.

TIMON.

J'irai ; remerciez avec pleine largesse.

FLAVIUS, *à part.*

Où marchons-nous ainsi ? Timon à chaque instant
Fait dépense nouvelle ou superbe présent ;

Pourtant son coffre est vide; — il refuse d'apprendre
L'état vrai de sa bourse, et ne veut pas m'entendre,
Quand je vais lui montrer que son cœur indigent
N'a plus, pour ses bienfaits, ce qu'il faudrait d'argent.
Ce qu'il promet dépasse à tel point sa fortune
Que chaque mot lui crée une dette importune
Dont il prétend de plus payer les intérêts;
Tous ses biens sont grevés. — Ah! combien je voudrais
Sortir tout doucement de mon pénible office
Avant d'être obligé de quitter son service.
Certe, on est plus heureux de n'avoir pas d'ami
Que des amis pareils pires qu'un ennemi.
D'affliction mon cœur saigne pour ce bon maître.

(Il sort.)

TIMON, *à quelques convives qui le flattent.*

Messieurs, c'est un grand tort de tant laisser paraître
Que vous vous rabaissez au moins de la moitié.

(Donnant un bijou au second seigneur.)

Voulez-vous agréer ce gage d'amitié?

DEUXIÈME SEIGNEUR.

Je ne puis exprimer ma gratitude extrême.

TROISIÈME SEIGNEUR.

Son cœur est la bonté, la bienfaisance même.

TIMON, *au second seigneur.*

A propos, l'autre jour, n'avez-vous pas vanté
Un certain coursier bai sur qui j'étais monté ?
Il est à vous, seigneur, puis qu'il a su vous plaire.

DEUXIÈME SEIGNEUR.

Je n'ose.

TIMON.

Croyez-en ma parole sincère,
Je juge mes amis d'après mon sentiment ;
Or un objet qu'on aime est vanté seulement.

(Aux convives.)

J'irai vous voir.

TOUS LES SEIGNEURS.

Nul hôte avec plus d'allégresse
Ne peut être accueilli.

TIMON.

Je sens telle tendresse
Pour vous, et suis si fier, quand vous venez me voir,
Que les remercîments ont trop peu de pouvoir ;
Je voudrais vous donner des trônes en partage.

(A Alcibiade).

Toi qui n'es qu'un soldat, — pauvre donc, je le gage, —
Je songe à t'aider ; car tu vis parmi les morts
Et les champs de combat te sont les seuls trésors.

4

ALCIBIADE.

Oui, je n'ai d'autres biens que ces terres sanglantes.

PREMIER SEIGNEUR.

Que nos âmes, seigneur, vous sont reconnaissantes !

TIMON.

Je vous dois plus.

DEUXIÈME SEIGNEUR.

Comptez sur nous jusqu'au trépas.

TIMON.

(A ses serviteurs.)

Et vous sur moi. — Portez des flambeaux sur leurs pas.

PREMIER SEIGNEUR.

Que la félicité, l'estime et l'opulence
Entourent à jamais votre noble existence ?

TIMON.

Je veux me dévouer toujours à mes amis.

(Tous sortent, excepté Timon et Apemantus.)

APEMANTUS.

Quel vacarme en ce lieu ! quel tumulte, quels cris !
Que de vains compliments, et quelles simagrées
Loin de valoir l'argent dont elles sont payées !
Leur amour est impur. Pourquoi des cœurs si faux,
Quand la main est si prompte et si souple le dos ?

Cependant, pour solder ces trompeuses caresses,
Nombre d'honnêtes fous prodiguent leurs richesses !

TIMON.

Si tu mettais un frein à ta brutalité,
Je te ferais de même éprouver ma bonté.

APEMANTUS.

Non pas, si par tes dons mon âme était salie,
Nul ne voudrait railler désormais ta folie,
Et ce serait bien pis. Timon, tu donnes tant,
Que tu feras bientôt de toi papier courant.
A quoi bon cette pompe et ce luxe suprême ?

TIMON.

Si tu railles encore les compagnons que j'aime,
Je me brouille avec toi. Bonjour, reviens chanter
Un air plus gracieux.

(Il sort.)

APEMANTUS.

Pour ne pas m'écouter
Maintenant, jamais plus tu n'auras à m'entendre,
Et, lorsque sous mes yeux tu viendrais à te pendre,
Je te laisserais faire. — O triste humanité,
Par qui mieux qu'un avis l'éloge est accepté !

(Il sort.

ACTE DEUXIÈME.

———

Scène I.

L'appartement de Lucullus

(Entre un sénateur portant des papiers.)

LE SÉNATEUR.

Dernièrement cinq mille, — et même il doit encore
Neuf mille chez Varron, autant chez Isidore,
Ce qui fait vingt cinq mille au moins, en comprenant
Tout l'argent emprunté qu'il me devait avant.
D'où vient de dépenser cette rage invincible ?
Cela ne tiendra pas ; rien n'est plus impossible.
Désirai-je de l'or, — que j'envoie à Timon
Le chien d'un mendiant,..... à mon intention
Il va battre monnaie. — Ou bien, si je veux vendre
Le cheval qui me sert afin d'en faire prendre
Vingt meilleurs au marché, — sans lui demander rien
Que je l'offre à Timon,..... j'aurai par ce moyen
Des poulains excellents. — Loin de fermer sa porte,
Son gardien des passants invite la cohorte

Et sourit à chacun. — Ce train ne peut durer,
Lui-même à sa ruine on le voit conspirer.

(Appelant un serviteur.)

Caphis !

(Entre Caphis.)

CAPHIS.

Qu'exigez-vous de mon obéissance ?

LE SÉNATEUR.

Mettez votre manteau, — puis, avec diligence,
Rendez-vous chez Timon. Priez-le de ma part
De me restituer mon argent sans retard,
Et qu'un léger refus point ne vous décourage.
Ne vous payez pas d'un : présentez mon hommage
A votre maître, dit en tournant son chapeau
Dans la main droite, ainsi ; — mais déclarez très haut
Que je ne puis parer la dette qui m'obsède,
Et veux jouir enfin du bien que je possède.
Les termes et délais, donnés à son profit,
Sont passés, et je vois s'altérer mon crédit.
Je l'aime fort ; pourtant ce serait chose dure
De me rompre les reins pour guérir la blessure
De son doigt ; — j'ai besoin de ces fonds promptement ;
Au lieu de discours vains il me faut de l'argent.
Partez vite, et prenez le terrible visage
D'un créancier fâcheux ; car, j'en ai le présage,

Ce phénix, dépouillé de ses plumes d'emprunt,
Sera bientôt le geai tant raillé par chacun.
Allez.

CAPHIS.

J'y vais.

LE SÉNATEUR.

J'y vais ; ah ! la bonne parole !
Emportez les billets et leurs dates, mon drôle.

(Caphis fait un signe affirmatif.)

(Ils sortent.)

Scène II.

Vestibule du palais de Timon.

(Entre Flavius, tenant plusieurs billets.)

FLAVIUS.

Pas de règle, aucun frein, nul soin de l'avenir !
Sa prodigalité ne peut se contenir ;
Il ne sait pas où va tout l'argent qu'il dépense,
Ni le temps que pourra durer cette existence.
On n'a jamais vu d'homme en démence à ce point
D'être aussi bon ! Que faire ? — Il ne se rendra point

Avant l'évènement. — Sitôt que de la chasse
Il sera revenu, je veux à cette place
Lui parler franchement.

(Entrent Caphis, et deux serviteurs d'Isidore et de Varron.)

CAPHIS.

Bonjour, mon cher Varron ;
Venez-vous pas chercher de l'argent chez Timon ?

LE SERVITEUR DE VARRON.

Ce doit être le même objet qui vous amène !

CAPHIS.

Et vous, Isidore ?

LE SERVITEUR D'ISIDORE.

Oui.

CAPHIS.

Pour prix de notre peine
Croyez-vous qu'il payera ?

LE SERVITEUR DE VARRON.

J'en doute.

CAPHIS.

Le voici.

(Entre Timon suivi d'Alcibiade et d'une nombreuse cour.)

TIMON.

Nous sortirons encor, notre dîner fini,

Alcibiade. — Eh bien, que me veulent ces hommes ?

CAPHIS.

J'apporte, mon seigneur, certain compte des sommes
Que vous devez.

TIMON.

Vraiment, de quel lieu venez-vous ?

CAPHIS.

D'Athène.

TIMON.

A l'intendant de répondre pour nous.
Voyez-le.

CAPHIS.

N'en déplaise à votre seigneurie,
D'attendre au lendemain chaque jour il me prie
Depuis un mois; — mon maître, en grand besoin d'argent,
A votre noble cœur fait appel humblement,
Pour réclamer son dû.

TIMON.

Vous serait-il loisible
De repasser demain, mon très cher ?

CAPHIS.

Impossible !

TIMON.

Assez, l'ami.

LE SERVITEUR DE VARRON.

Je viens de la part de Varron.

LE SERVITEUR D'ISIDORE.

Isidore demande un remboursement prompt.

CAPHIS.

Mon maître est accablé de dettes si pressées !

LE SERVITEUR DE VARRON.

Tout est échu depuis six semaines passées.

LE SERVITEUR D'ISIDORE.

Votre intendant, seigneur, me remet tous les jours,
Et j'ai l'ordre à vous-même enfin d'avoir recours.

TIMON.

Laissez-moi respirer.

(Aux personnes qui l'accompagnent.)

                          Mes seigneurs, je vous prie,
Marchez devant; j'irai joindre la compagnie.

(Sortent Alcibiade et les seigneurs.)

(A Flavius.)

Approchez, Flavius. Que veut dire ceci ?
Et comment se fait-il que, sans prendre souci
De mon honneur, on vienne étourdir mes oreilles
De ces billets échus et ces dettes si vieilles
Dont on veut le payement ?

FLAVIUS, *aux trois serviteurs*.

Ce n'est pas le moment
De conclure avec nous des affaires d'argent;
Jusqu'après le repas veuillez encore attendre,
Pour qu'au seigneur Timon je puisse faire entendre
Comment vous n'êtes point payés.

TIMON.

Patientez,

Mes amis.

(A Flavius.)

Avec soin je veux qu'ils soient traités.

(Il sort.)

FLAVIUS, *à Timon qui lui échappe*.

Ecoutez-moi, seigneur.

(Il sort.)

(Entrent Apemantus et un fou.)

CAPHIS, *aux deux autres serviteurs*.

Restez, nous allons rire;
Apemantus, — le fou.

LE SERVITEUR DE VARRON.

Foin de ce qu'il va dire !

Il nous plaisantera.

LE SERVITEUR D'ISIDORE.

La peste soit du chien !

LE SERVITEUR DE VARRON.

Comment va ta santé, brave fou ?

APEMANTUS.

Crois-tu bien
Causer avec ton ombre ?

LE SERVITEUR DE VARRON.

A toi je ne m'adresse.

APEMANTUS.

Non, c'est à toi. — (Au fou) Viens-tu ?

LE SERVITEUR D'ISIDORE, au serviteur de Varron.

Grâce à ta maladresse,
Le fou va te grimper sur le dos.

APEMANTUS.

A son cou
Je ne t'aperçois pas !

CAPHIS.

Mais où donc est le fou ?

APEMANTUS.

Déjà la question vient d'être proposée.
— O valets d'usuriers, engeance méprisée,
Honteux entremetteurs de l'or et de la faim !

LES TROIS SERVITEURS.

Dis-nous, Apemantus, qui nous sommes enfin ?

APEMANTUS.

Des ânes.

LES TROIS SERVITEURS.

Et pourquoi ?

APEMANTUS.

Par tout ce que vous faites,

Vous qui ne savez pas même ce que vous êtes
Et me le demandez. Cause donc avec eux,
Fou, toi qui ne dis rien.

LE FOU.

Comment vont ces messieurs ?

LES TROIS SERVITEURS.

Merci, l'honnête fou. — Comment va ta maîtresse ?

LE FOU.

Elle échaude à présent des gens de votre espèce,
Par le vice souillés. — Puissez-vous être tous
A Corinthe (1) !

APEMANTUS.

Bien dit !

(Entre un page, tenant des lettres.)

LE FOU.

Ah ! tenez, parmi nous

Vient le page.

(1) Corinthe était une des villes les plus dissolues de la Grèce.

LE PAGE.

Bonjour à votre seigneurie !
Vous êtes au milieu de sage compagnie,
Capitaine. — Comment se porte Apemantus ?

APEMANTUS.

Pour répondre jamais je ne désirai plus
Avoir au lieu de langue un bâton.

LE PAGE.

Veux-tu lire
De ces lettres au dos ce que l'on put écrire ?
Je ne sais pas.

APEMANTUS.

Vraiment.

LE PAGE.

Non !

APEMANTUS.

Quand on te pendra,
Ce n'est donc un savant que l'on regrettera.
Cette lettre à Timon, et cette autre s'adresse
Au général. — Va-t-en retrouver ta maîtresse ;
Né bâtard, tu devras mourir entremetteur !

LE PAGE.

Toi, tu naquis d'un chien, et mourras, j'en ai peur,

De faim, comme un chien vil. — Ne songe qu'à te taire ;
Car je m'en vais.

(Il sort.)

APEMANTUS.

Pour nous, tu ne saurais mieux faire.
— Fou, je veux avec toi me rendre chez Timon.

LE FOU.

Me laisseras-tu là ?

APEMANTUS, *ironiquement*.

S'il est à la maison.
— Vous servez tous les trois des usuriers.

LES TROIS SERVITEURS.

Sans doute !

Voudrais-tu que plutôt ils nous servent ?

APEMANTUS.

Je goûte

Cette idée, — et voudrais vous voir servis par eux,
Comme par le bourreau des voleurs.

LE FOU.

Donc, messieurs,

Vous êtes trois valets d'usuriers.

LES TROIS SERVITEURS.

Nous le sommes.

LE FOU.

Parmi les usuriers on ne trouve point d'hommes
Qui n'aient pour serviteurs quelque fou. — C'est ainsi
De ma chère maîtresse; — et son fou,.... le voici !
Pour emprunter chez vous on entre avec tristesse
Et l'on sort gai, — tandis qu'on vient chez ma maîtresse
Avec joie, et l'on part le visage abattu.
— D'où vient cela ?

LE SERVITEUR DE VARRON.

Je crois.....

APEMANTUS.

Allons, parleras-tu,
Maraud sans conscience et protecteur de fille ?

LE SERVITEUR DE VARRON.

Quel homme est celui-ci ?

LE FOU.

C'est un fou qui s'habille
De vêtements choisis, à peu près comme toi,
Esprit, tantôt seigneur, tantôt homme de loi,
Et tantôt philosophe; il peut même paraître
En guerrier; — tour à tour, en un mot, il sait être
Revêtu des aspects que tout homme ici-bas
Prend de quatre vingts ans à trente.

LE SERVITEUR DE VARRON.

Tu n'es pas
Tout à fait insensé.

LE FOU.

Ni toi tout à fait sage ;
Le trop que j'ai reçu de folie en partage
Te manque comme esprit.

APEMANTUS.

Ah ! c'est un mot profond
Digne d'Apemantus.

LES TROIS SERVITEURS.

Place, voici Timon.

(Rentrent Timon et Flavius.)

APEMANTUS.

Fou, viens avec moi, viens.

LE FOU, *hésitant.*

J'aime peu, sur mon âme,
A suivre frère aîné, non plus qu'amant ou femme,
Et même philosophe.

(Sortent Apemantus et le fou.)

FLAVIUS, *aux trois serviteurs.*

Allez, et laissez-nous
Quelques instants encore ; — après, je suis à vous.

(Sortent les serviteurs.)

TIMON, *avec les marques d'un vif étonnement.*

Pourquoi m'avoir ainsi caché cette indigence ?
J'aurais, à mon état, conformé ma dépense.

5

FLAVIUS.

J'ai tenté plusieurs fois de vous entretenir ;
Mais vous avez toujours refusé de m'ouïr.

TIMON.

Vous n'avez pas bien su choisir les circonstances
Lorsque vous me veniez faire vos doléances.
Sans doute je souffrais et ne pouvais causer ;
Ce n'est pas un motif qui vous doive excuser.

FLAVIUS.

Souvent j'ai présenté mes comptes, ô bon maître !
Vous persistiez sans cesse à ne les point connaître,
Disant vous reposer sur mon honnêteté.
Quand, pour un léger don, vous avez souhaité
Qu'on rendît beaucoup plus, j'ai secoué la tête
Et j'ai pleuré tout bas. Affrontant la tempête,
J'osai vous conseiller de mieux fermer la main ;
Que de reproches durs quand j'essayais enfin
De vous ouvrir les yeux sur la proche ruine,
Et sur le vaste flot de dettes qui vous mine !
O mon bien aimé maître, il est tard maintenant
Pour m'écouter, alors qu'en voici le moment :
Vous ne sauriez, avec toute votre fortune,
Rembourser à moitié la cohorte importune
Des nombreux créanciers.

TIMON

Que mes biens soient vendus !

FLAVIUS.

Ils sont tous engagés, — confisqués, — ou perdus
En partie ; — et le reste à peine doit suffire
A combler le présent ; pourtant, il faut le dire,
Le temps marche à grands pas : qui viendra nous aider ?
Comment ce déficit pourra-t-il se solder ?

TIMON.

Mes terres s'étendaient jusqu'à Lacédémone.

FLAVIUS.

Le monde n'est qu'un mot, — et fût-il à personne
Qu'à vous, mon digne maître, un souffle suffirait
Pour vous en dépouiller.

TIMON.

Ce que tu dis est vrai.

FLAVIUS.

Soupçonnez-vous que j'ai mal conduit vos affaires,
Faites-moi rendre compte à des juges sévères.
Les dieux m'en sont témoins ! dans ces temps malheureux
Où nos tables pliaient sous le poids odieux
De convives sans frein ; quand s'inondaient les dalles
Du torrent de nos vins ; lorsque toutes les salles
Rayonnaient de flambeaux, s'emplissaient de clameurs,
J'allais dans un réduit verser des flots de pleurs !

TIMON.

Cesse, je t'en conjure.

FLAVIUS.

O cieux ! combien son âme,
Disais-je, a de bonté ! Que cette troupe infâme
De flatteurs engloutit de trésors chaque nuit !
Qui de son grand amour pour Timon ne fait bruit ?
Lequel n'offre à Timon son cœur, son existence,
Son épée et son bras, sa bourse et sa vaillance ?
Au digne, généreux, noble et royal seigneur !
S'il ne peut plus payer leur éloge menteur,
La voix des courtisans va garder le silence :
Tel vient pour le repas qu'éloigne l'abstinence (1);
Lorsque sur eux, l'hiver, un nuage se fond,
Ces insectes de fuir vers un abri profond !

TIMON.

Cesse de me blâmer; nulle bonté coupable
N'a traversé mon âme, et si je fus capable
De donner trop, jamais ce ne fut bassement.
Pourquoi verser des pleurs ? Penses-tu qu'un moment
Je manquerai d'amis ? Chasse cette tristesse;
Si je voulais, ouvrant mes vases de tendresse,
M'assurer de leurs cœurs par un emprunt d'argent,

_____

(1) *Shakespeare* donne ici, du proverbe anglais : *fast-won, fast-lost,*
gagné vite, perdu vite, une variante : *feast-won, feast-lost,* gagné au festin,
perdu au jeûne.

Des hommes et des biens j'userais librement,
Comme à mon gré tu dois ou parler ou te taire.

FLAVIUS.

Puisse être confirmé cet espoir si sincère !

TIMON.

Bien plus, la pauvreté couronne mes souhaits,
Car je vais éprouver mes amis désormais.
Tu connaîtras bientôt combien sur ma fortune
Tu t'es mépris ; — pour moi leur richesse est commune.
Holà, mes serviteurs, venez ; — Flaminius !

UN SERVITEUR.

Seigneur.

TIMON.

Écoutez-moi. — Toi, va chez Lucius,
Et toi chez Lucullus, j'ai chassé tout à l'heure
Avec lui ; — qu'un de vous se rende à la demeure
Du cher Sempronius ; dites-leur sans détours
Qu'il m'est doux d'appeler leur bourse à mon secours,
Pour cinquante talents que d'eux je sollicite.

FLAMINIUS.

Nous le ferons, seigneur.

FLAMINIUS, à part.

Douteuse réussite !
Lucius, Lucullus, tous ces lâches flatteurs !

TIMON.

Quant à vous, Flavius, voyez ces sénateurs,
Que j'obligeai souvent dans mes jours d'opulence ;
Certes, je puis compter sur leur reconnaissance.
Allez leur demander mille talents.

FLAVIUS.

Seigneur,
Je leur ai présenté le sceau de votre honneur,
Pensant bien que c'était la meilleure ressource ;
Ils ont branlé la tête au lieu d'ouvrir leur bourse.

TIMON.

Est-il vrai ?

FLAVIUS.

De concert ils ont tous répondu
Qu'il n'est pas un d'entre eux qui n'ait beaucoup perdu ;
Qu'ils sont à bout d'argent, et ne peuvent pas faire
Ce que voudrait leur cœur ; leur peine en est amère,
— Ils vous estiment tant, — ils auraient désiré, —
Ils ne comprennent pas, — aurait-il mal géré ? —
Il n'est pied si vaillant qui ne prenne une entorse, —
C'est pitié, — vous aider dépasse trop leur force. —
Tous enfin, d'autres soins plus graves occupés,
Par leurs regards chagrins, leurs mots entrecoupés,
Par leurs demi-saluts et leur froide apparence,
En me glaçant l'esprit, m'ont réduit au silence.

TIMON.

Dieux, récompensez-les ! — Mais ne t'afflige pas !
Ce sont des vieillards près des portes du trépas,
En qui l'ingratitude est comme héréditaire :
Le sang froid et figé chez eux ne coule guère ;
Il faut de la chaleur pour être bienfaisant,
Et l'homme, chaque jour vers la tombe marchant,
Devient plus dur, plus lourd, et moins propre au voyage.

(A un serviteur.)

Va chez Ventidius.

(A Flavius.)

Rassemble ton courage,
Je te sais probe et bon, Flavius ; franchement,
Tu n'as pas mérité de reproche un moment.

(Au serviteur.)

Ventidius, dit-on, vient de perdre son père,
Et jouit à présent de sa fortune entière ;
Lorsque, privé d'amis, il était en prison,
J'avançai cinq talents pour payer sa rançon.
Va le trouver, dis lui qu'une triste occurrence
M'oblige d'appeler à sa reconnaissance.

(A Flavius.)

Les cinq talents touchés soient aussitôt remis
A ces gens. — Ne crois pas qu'avec de tels amis
Timon puisse jamais tomber dans la misère.

FLAVIUS.

Je voudrais écarter cette pensée amère;
Car elle est, je le sais, fatale à la bonté,
Qui, sincère, chez tous voit la sincérité.

(Ils sortent.)

ACTE TROISIÈME.

Scène I.

L'appartement de Lucullus.

(Flaminius attend. Un serviteur vient à lui.)

LE SERVITEUR.

J'ai prévenu mon maître.

FLAMINIUS.

A merveille.

(Entre Lucullus.)

LE SERVITEUR.

Il s'avance.

LUCULLUS, *à part.*

C'est un des serviteurs de Timon ; et je pense
Qu'il me vient en son nom porter quelque présent.
C'est cela ; j'ai rêvé d'une aiguière d'argent
Et d'un bassin pareil.

(A Flaminius.)

Combien j'ai d'allégresse
De vous voir en ces lieux !

(Au serviteur.

Qu'aussitôt l'on s'empresse
A lui verser du vin !

(Sort le serviteur.)

Comment va la santé
De ce grand citoyen, fameux par sa bonté,
Ton cher seigneur ?

FLAMINIUS.

Jamais elle ne fut meilleure.

LUCULLUS.

Tant mieux. — Sous ton manteau tu portes à cette heure
Un objet; — quel est-il, ami Flaminius ?

FLAMINIUS.

Une cassette vide; et je viens, Lucullus,
Prier votre grandeur, de la part de mon maître,
De vouloir la remplir; — en vous faisant connaître
Qu'il a très grand besoin de cinquante talents,
Et ne saurait douter de vos bons sentiments.

FLAMINIUS.

Il ne saurait douter, a-t-il dit. — L'honnête homme,
Le noble cœur ! — Hélas ! était-il sage en somme,

De prétendre mener si grand train de maison ?
Ah ! combien j'adressai d'appels à sa raison ,
Quand je dînais chez lui ! — La semaine dernière,
J'y retournai souper pour l'adjurer de faire
Moins de dépense, — avis qu'il n'a point écouté.
A chacun son défaut ; — le sien, c'est la bonté ;
Je l'ai dit fort souvent sans qu'il voulût me croire.

(Rentre le serviteur apportant du vin.)

LE SERVITEUR.

Maître, voici le vin.

LUCULLUS.

Avec moi veux-tu boire,

Flaminius ? Toujours pour un bon serviteur
Je t'ai tenu, mon cher. Bois !

FLAMINIUS.

Vous raillez, seigneur.

LUCULLUS.

Non ! je te rends justice en louant la souplesse
De cet heureux esprit qui juge avec sagesse
Et saisit à propos l'occasion.

(Au serviteur.)

Sortez.

(Le serviteur sort.)

Va, j'estime beaucoup tes bonnes qualités,

Ami Flaminius ; approche donc. Ton maître
Est rempli de bonté ; mais tu dois reconnaître
Que ce n'est point le cas de prêter de l'argent
Sur la seule amitié, sans un autre garant.
Tiens, mon garçon, veux-tu prendre ces trois solides (1),
Et dire, détournant de moi tes yeux candides,
Que tu ne m'as point vu ? Bonjour.

FLAMINIUS.

              O dieux puissants !
Les mortels peuvent-ils être aussi différents,
Et changer en un jour ? — Fuis, fange détestable,
Retourne vers celui qui te trouve adorable !

            (Il jette l'argent loin de lui.)

LUCULLUS.

Allons, tu n'es qu'un sot bien digne de Timon !

            (Sort Lucullus.)

FLAMINIUS.

Puisse cet or servir à ta damnation !
Que ce métal fondu te brûle en ta misère,
Toi, fléau d'un ami, plutôt qu'ami sincère !
Non, l'amitié n'a pas ce cœur faible, imparfait,
Qui, dans moins de deux jours, s'aigrit comme le lait.
De mon maître déjà je ressens la colère.

(1) *Solidares*, ancienne monnaie. C'est du mot *solidus* (en latin, solide, entier, autrement dit l'unité de monnaie, qu'est venu notre sol ou sou.

Et des mets, qu'à sa table il engloutit naguère,
L'estomac de ce lâche est encore chargé !
Quoi ! le nourriront-ils, quand lui-même est changé
En poison ? Puissent-ils ravager tout son être,
Ces aliments payés par mon excellent maître !
Ah ! puissent-ils enfin, au lieu de le guérir,
Prolonger ses tourments à l'heure de mourir !

Scène II.

Une place publique.

(Entre Lucius avec trois étrangers.)

LUCIUS.

Qui ? mon ami Timon. cet homme vénérable ?

PREMIER ÉTRANGER.

Nous mêmes étrangers l'estimons honorable ;
Mais sachez que, d'après la commune rumeur,
Ils sont évanouis, les jours de sa splendeur,
Et que, prête à crouler, sa fortune s'incline.

LUCIUS.

Jamais je ne croirai possible sa ruine.

DEUXIÈME ÉTRANGER.

Tenez pour avéré du moins le fait suivant :
Un de ses serviteurs est allé récemment
Supplier Lucullus avec grande prière
De prêter à Timon, comme très nécessaire,
Une assez forte somme, et n'a rien obtenu.

LUCIUS.

Comment ?

DEUXIÈME ÉTRANGER.

     Oui, mon seigneur, comme il était venu,
Il partit sans argent.

LUCIUS.

     Quelle étrange nouvelle !
Par les dieux, j'en rougis. Avarice cruelle !
Refuser un tel homme ! ô vil et lâche cœur !
Quant à moi, j'en conviens, de ce noble seigneur
J'ai quelquefois reçu des dons sans importance,
Comme vaisselle, argent ou bijoux ; rien, je pense,
Près des mille présents qu'il fit à Lucullus ;
Cependant, si Timon, songeant à Lucius,
Eût envoyé vers moi demander un service,
Je n'aurais pas manqué d'accorder cet office.

(Entre Servilius.)

SERVILIUS.

Ah ! je vous trouve enfin ; je suis tout en sueur
D'avoir ainsi couru. — Très honoré seigneur.....

LUCIUS.

Chez moi je suis charmé de te voir apparaître ;
Bonjour ! Prends soin d'offrir mon hommage à ton maître,
Des amis le plus cher.

SERVILIUS.

Timon envoie ici,
S'il plaît à votre honneur.....

LUCIUS.

Il envoie, as-tu dit ?
Toujours nouvel envoi ! Pourrai-je reconnaître
Tant de bonté ? Quel est cet envoi de ton maître ?

SERVILIUS.

Il envoie aujourd'hui la seule occasion
De lui rendre un service ; oui, mon seigneur, Timon
Recherche de talents une certaine somme.

LUCIUS.

Il plaisante, je crois ; Timon n'est pas un homme
Qui puisse avoir besoin de cinq mille talents.

SERVILIUS.

Son besoin n'est pas tel. — En des cas moins urgents

Je ne supplierais point avec cette insistance.

LUCIUS.

Voyons, Servilius, donne-moi l'assurance
Que ce que tu me dis est vraiment sérieux

SERVILIUS.

Oui, monsieur, sur mon âme.

LUCIUS.

                 Ah ! suis-je malheureux,
Tenant l'occasion de montrer la franchise
De mon affection, d'avoir fait la sottise
D'en perdre le moyen. J'ai tout dernièrement,
Pour un petit achat, employé quelque argent,
Dont j'aurais ainsi fait un usage honorable ;
Mais j'atteste les dieux que j'en suis incapable.
Quelle sottise à moi ! J'allais dans un moment
Envoyer à Timon demander de l'argent :
Ces gens m'en sont témoins ; pourtant, tout l'or d'Athène,
L'ayant fait, serait vain à consoler ma peine.
Offre à ce cher seigneur mes tendres compliments,
J'ai l'espoir de ne rien perdre en ses sentiments,
Ne pouvant l'obliger. Surtout, veuille lui dire
Qu'entre tous les malheurs je range comme pire
De ne pouvoir aider un si noble seigneur.
Mon bon Servilius, je compte sur ton cœur,
Pour répéter ces mots textuels à ton maître.

SERVILIUS.

Je le ferai, monsieur.

LUCIUS.

Je saurai reconnaître

Ce service.

(Servilius sort).

(Aux étrangers.)

En effet, vous aviez bien raison,
J'aperçois clairement la chute de Timon ;
Une fois refusé, se maintenir est rare.

(Il sort.)

PREMIER ÉTRANGER.

Tu vois, Hostilius.

DEUXIÈME ÉTRANGER.

Sans doute.

PREMIER ÉTRANGER.

Cœur avare

D'un monde où les flatteurs de la sorte sont tous !
Après cela, lequel oserait parmi nous
Regarder comme ami qui s'assied à sa table ?
Sait-on pas que Timon, constamment secourable,
Protégea ce seigneur d'un cœur tout paternel,
L'aidant de son crédit sur le premier appel,
Et sauvant sa fortune au milieu des orages ?
On l'a vu de ses gens solder même les gages.

6

Lucius ne boit point que l'argent de Timon
N'aille jusqu'à sa lèvre. (O vile trahison,
Qui d'un mortel ingrat fait un monstre exécrable !)
Cependant nous voyons cet homme abominable
A son cher bienfaiteur refuser maintenant
Ce qu'on accorderait au dernier mendiant.

TROISIÈME ÉTRANGER.

Il fait rougir l'honneur.

PREMIER ÉTRANGER.

                  En nulle circonstance
Je n'allai de Timon réclamer l'assistance,
Et jamais, quant à moi, ses bienfaits ne m'ont mis,
Ainsi que Lucius, au rang de ses amis.
Je le jure pourtant; si grande est mon estime
Pour ses hautes vertus et son cœur magnanime
Que, s'il avait songé d'implorer ma pitié,
Il eût eu de mes biens la meilleure moitié;
Mais d'être généreux, cet exemple dispense :
Car l'intérêt domine avant la conscience !

                                  (Ils sortent.)

Scène III.

L'appartement de Sempronius.

(Entrent Sempronius et un serviteur de Timon).

SEMPRONIUS.

Pourquoi m'importuner de préférence à tous ?
S'il fallait que Timon fît un choix entre nous,
Il devait s'adresser à la reconnaissance
De ceux dont ses bontés ont fondé l'opulence,
Lucius, Lucullus, Ventidius enfin,
Riche aujourd'hui, dit-on, — mais que sa noble main
Retira de prison.

LE SERVITEUR.

   Seigneur, notre prière
Vers eux s'est élevée, et leur âme de pierre
A refusé Timon.

SEMPRONIUS.

   Est-il vrai ? Lucullus
A refusé ? De même a fait Ventidius ?
Quand trois l'ont éconduit, voyons, je t'en fais juge,
Devait-il me garder pour son dernier refuge ?

Cet acte marque peu de sens ou d'amitié.
Tels que des médecins, trois amis sans pitié
L'ayant quitté, c'est moi qu'il charge de la cure ;
Je ressens vivement une pareille injure :
Me placer à ce rang ? N'a-t-il plus sa raison ?
Avant tout autre, à moi devait songer Timon ;
Car je fus le premier, si j'en ai souvenance,
Qui sentis les effets de sa munificence :
Et voilà cependant le cas qu'il fait de moi !
Je suis son pis-aller. C'est très mal, — sur ma foi ;
Veut-il donc que, déchu de l'estime conquise,
Je devienne un objet qu'on raille et qu'on méprise ?
Certes, j'eusse donné le triple de l'argent
S'il avait envoyé vers moi premièrement ;
Trop heureux de lui rendre un signalé service,
J'aurais alors tenté le plus grand sacrifice.
Va donc, et de ma part ajoute seulement :
Qui touche à mon honneur, n'aura pas mon argent !

(Il sort.)

LE SERVITEUR.

Vous n'êtes, mon seigneur, qu'un lâche misérable !
En suscitant l'intrigue, à quoi pensa le diable ?
Il se fit grave tort, et je crois qu'à la fin
Ses crimes seront peu près du mensonge humain.
— Comme il sait colorer son indélicatesse,
Et donner de beaux noms jusques à la bassesse !

Semblable aux imposteurs qu'on voit se faire un jeu
De mettre par vertu les royaumes en feu.
Telle est l'affection où l'intérêt engage,
C'est en lui que mon maître espérait davantage ;
Abandonné de tous il n'a plus que les dieux :
Tous ses amis sont morts. — Et ces portes, qu'heureux
Il ouvrait à chacun, désormais devront être
Prodigues de verroux pour défendre leur maître.
Voilà donc les seuls fruits des bontés de Timon ;
Qui ne garde son or doit garder sa maison.

Scène IV.

Vestibule du palais de Timon.

Entrent deux serviteurs de VARRON, et un serviteur de LUCIUS, lesquels
se rencontrent avec TITUS, HORTENSIUS, et autres serviteurs des
créanciers de TIMON, qui tous l'attendent.

UN DES SERVITEURS DE VARRON.

Bonjour, Hortensius ; — Titus, je te salue.

TITUS.

Ta rencontre, Varron, est pour moi bien venue.

HORTENSIUS.

Eh bien, cher Lucius, qui nous amène tous ?

LE SERVITEUR DE LUCIUS.

Je crois venir chercher le même objet que vous :
De l'argent, en un mot.

TITUS.

De nous tous c'est l'affaire.

(Entre Philotas.)

LE SERVITEUR DE LUCIUS.

Ah ! bonjour, Philotas.

PHILOTAS, *les saluant tous.*

Salut !

LE SERVITEUR DE LUCIUS.

Mon brave frère,
Quelle heure est-il, dis-moi ?

PHILOTAS.

Neuf heures vont sonner.

LE SERVITEUR DE LUCIUS.

Déjà.

PHILOTAS.

L'on n'a point vu céans Timon rentrer ?

LE SERVITEUR DE LUCIUS.

Pas encore.

PHILOTAS.

Vraiment, ce long retard m'étonne ;
A sept heures, ainsi que Phébus en personne,
Il se levait jadis.

LE SERVITEUR DE LUCIUS.

Présentement ses jours
Durent moins ; — songez-y, le prodigue en son cours
Est semblable au soleil ; mais sa brillante course
Ne recommence pas. Je crains fort que la bourse
De Timon n'ait souffert un hiver inhumain
Au point qu'en la fouillant, vide en sorte la main.

PHILOTAS.

Je le redoute aussi.

TITUS.

La surprenante chose !
C'est de l'argent qu'ici votre maître propose
De lui donner ?

HORTENSIUS.

Sans doute.

TITUS.

Il porte les bijoux
Qu'offrit un jour Timon, — pour lesquels, comme vous,
Je viens chercher de l'or.

HORTENSIUS.

Ce devoir m'est pénible.

TITUS.

N'est-ce pas faire un acte étrange, inadmissible,
D'exiger de Timon l'argent qu'il ne doit pas ?
Votre maître ose-t-il envoyer de ce pas
Lui demander le prix des bijoux qu'en parure
Il porte ?

HORTENSIUS.

Par les dieux ! la mission est dure :
Mon maître, je le sais, eut pour son bienfaiteur
Timon ; — Or un ingrat ne vaut pas un voleur.

PREMIER SERVITEUR DE VARRON.

Moi, je viens demander trois mille écus sur l'heure ;
Et vous-même ?

LE SERVITEUR DE LUCIUS.

Cinq mille.

PREMIER SERVITEUR DE VARRON.

Ah ! la part est meilleure.
Timon dans votre maître avait donc plus de foi
Qu'il n'en avait au mien.

(Entre Flaminius.)

Voici que j'aperçoi
L'un de ses serviteurs.

LE SERVITEUR DE LUCIUS.

Dites-moi, je vous prie,
Si nous verrons bientôt venir sa seigneurie;
Parlez, Flaminius.

FLAMINIUS.

Je ne puis l'affirmer.

TITUS.

Nous l'attendons ici; veuillez l'en informer.

FLAMINIUS.

C'est un soin inutile; il sait trop par l'usage
Votre hâte.

(Entre Flavius, enveloppé d'un manteau.)

LE SERVITEUR DE LUCIUS.

Qui fuit là bas dans un nuage ?
N'est-ce pas son caissier ? Voulez-vous l'appeler ?

TITUS, à Flavius.

Entendez-vous, monsieur ? l'on voudrait vous parler.

PREMIER SERVITEUR DE VARRON, au même.

Si vous le permettez....

FLAVIUS.

Qu'avez-vous à me dire,

Ami ?

TITUS.

C'est de l'argent qu'ici chacun désire.

FLAVIUS.

Certes, si le payement était aussi certain
Que votre exactitude à quêter le butin,
Il ne manquerait pas. O serviteurs avides,
Que n'avez-vous parlé quand vos maîtres perfides
Festoyaient en ce lieu ? — Leur lèvre souriait,
Et, supputant l'argent que Timon leur devait,
D'une bouche affamée ils dévoraient d'avance
Les intérêts promis. — Vaine est votre insistance,
Laissez-moi donc passer tranquillement. — Sachez
Que mon maître et que moi serions fort empêchés
De rendre de l'argent ou d'en faire dépense :
Tout est fini pour nous.

LE SERVITEUR DE LUCIUS.

La réponse, je pense.
Sera mal accueillie.

FLAVIUS.

Hé ! qu'on l'accueille ou non,
Elle vaut mieux que vous, dont je sais le vrai nom.
Esclaves de coquins !

(Il sort.)

PREMIER SERVITEUR DE VARRON.

Qu'est-ce donc que murmure
Cet intendant cassé ?

DEUXIÈME SERVITEUR DE VARRON.

Sans doute quelque injure,
Cela n'importe guère ; — il est pauvre aujourd'hui,
Et son malheur récent nous venge assez de lui.
L'homme, qui ne sait plus où reposer sa tête,
Est libre de railler les palais au grand faîte.

(Entre Servilius.)

TITUS.

Voici Servilius ! il doit nous apporter
La réponse.

SERVILIUS.

Messieurs, je voudrais vous prier
De revenir plus tard. Timon, sur ma parole,
Est frappé d'un chagrin dont rien ne le console ;
Sa santé même en souffre, et l'oblige à rester
Dans sa chambre.

LE SERVITEUR DE LUCIUS.

Des gens, que je pourrais citer,
Font ainsi bien souvent sans aucune souffrance.
Mais, s'il est en danger, n'est-il pas temps qu'il pense
A payer promptement ses créanciers nombreux,
Afin de s'aplanir la route vers les dieux ?

SERVILIUS.

Dieux justes !

TITUS.

Ce n'est pas nous répondre peut-être !

FLAMINIUS, *de l'intérieur.*

Holà ! Servilius, au secours ! c'est mon maître

(Entre Timon furieux. Flaminius le suit.)

TIMON.

Quoi ! ses portes aussi se ferment à Timon !
Ne suis-je donc pas libre en ma propre maison ?
Est-elle devenue une geôle fatale
Qui me tiendra toujours emprisonné ? La salle
De mes festins passés, comme le genre humain,
Ne me veut-elle plus montrer qu'un cœur d'airain ?

LE SERVITEUR DE LUCIUS.

Aborde-le, Titus.

TITUS.

Voici votre promesse.

LE SERVITEUR DE LUCIUS.

Et voici mon billet.

HORTENSIUS.

J'apporte aussi ma pièce.

LES DEUX SERVITEURS DE VARRON.

Nous de même, seigneur.

PHILOTAS.

Payez-nous de nos prêts.

TIMON.

Assommez-moi plutôt du poids de vos billets.

LE SERVITEUR DE LUCIUS.

Veuillez....

TIMON.

Coupez mon cœur, et battez-en monnaie ?

TITUS.

C'est cinquante talents....

TIMON.

Eh ! que mon sang vous paie !

LE SERVITEUR DE LUCIUS.

Cinq mille écus, seigneur.

TIMON.

En gouttes de mon sang,
Prises à nombre égal, soldez-vous sur le champ !
— Et vous autres?

PREMIER SERVITEUR DE VARRON.

Seigneur....

DEUXIÈME SERVITEUR DE VARRON.

Seigneur....

TIMON.

Sans plus attendre,
Déchirez-moi sur l'heure, — et puisse-t-on vous pendre !

(Il sort.)

HORTENSIUS.

Nos maîtres du payement doivent perdre l'espoir :
On ne reçoit jamais ce qu'un fou peut devoir.

(Ils sortent.)

(Rentrent Timon et Flavius.)

TIMON.

Ils m'ont mis hors de moi, les marauds détestables :
D'avides créanciers sont pires que des diables !

FLAVIUS.

Mon cher seigneur....

TIMON, *rêvant.*

Je veux le faire dans l'instant.

FLAVIUS.

Seigneur....

TIMON.

Je le ferai. — Venez, mon intendant.

FLAVIUS.

Me voici, mon seigneur.

TIMON.

Fort bien ! — Partez sur l'heure ;
Je veux que ces coquins dînent en ma demeure
Une dernière fois. — Conviez Lucius,
Tous enfin, — Lucullus avec Sempronius.

FLAVIUS.

Vous oubliez, seigneur, dans votre âme distraite,
Que vous ne sauriez point, pour la plus simple fête,
Rien trouver désormais.

TIMON.

Ne t'inquiète pas ;
Je me charge à moi seul d'apprêter le repas.

(Ils sortent.)

Scène V.

Le palais du Sénat.

Le Sénat est en séance. — Entre Alcibiade.

PREMIER SÉNATEUR.

Mon vote est assuré ; sa faute est capitale ;
Qu'il périsse ! il le faut. — L'indulgence est fatale :
Elle enhardit le crime.

DEUXIÈME SÉNATEUR.

Assurément ; — des lois
Il est juste aujourd'hui qu'il sente tout le poids.

ALCIBIADE.

Honneur, santé, clémence à ce sénat de sages !

PREMIER SÉNATEUR.

Que dites-vous ?

ALCIBIADE.

       J'adresse humblement mes hommages
A vos rares vertus ; — or je dis et je crois
Que la compassion est la vertu des lois.
Il ne sied qu'aux tyrans de les rendre cruelles.
Les contraires destins, à son bonheur rebelles,
Accablent un ami, qui, dans l'ardeur du sang,
A violé les lois, — abîme où l'imprudent
Se plonge tout entier. — Du reste, c'est un homme
Que, moins ce seul écart, pour sage l'on renomme :
L'acte même paraît exempt de lâcheté ;
Il faillit pour venger son honneur irrité.
Comme il voyait blesser à mort sa renommée,
D'un noble mouvement sa colère animée
Frappa son ennemi. Mais, jusque dans l'accès
De telle passion, il ne franchit jamais,
Malgré tout son courroux, cette exacte mesure
De qui veut froidement plaider contre une injure.

PREMIER SÉNATEUR.

Prétendre innocenter un acte criminel,
C'est faire un paradoxe à la vertu mortel.

De ce discours il semble à l'effort intrépide,
Seigneur, que vous osez défendre l'homicide,
Et voulez mettre, avant tout genre de valeur,
Les fiers emportements d'un esprit querelleur;
Valeur illégitime, et qu'envoya sur terre
Avec les factions la céleste colère.
Le vrai brave est celui qui souffre sagement
Les plus cruels propos émanés d'un méchant,
Et, gardant pour l'injure autant d'indifférence
Que pour un vêtement, place son existence
Trop au-dessus des torts qu'on a pu lui causer,
Pour, sur un tel sujet, songer à l'exposer.
Si l'injure est un mal, et mène à l'homicide,
Qui hasarde ses jours pour ce mal est stupide !

ALCIBIADE.

Mon seigneur...

PREMIER SÉNATEUR.

De tels faits ne se peuvent couvrir;
La bravoure n'est pas se venger, mais souffrir.

ALCIBIADE.

Ne me refusez point, seigneur, votre indulgence,
Si je parle en soldat. — Est-ce de la démence
Qui pousse chaque jour les hommes aux combats,
Et pourquoi sur l'affront ne s'endorment-ils pas ?
Que ne se laissent-ils tuer sans résistance ?

7

Si la seule valeur est dans la patience,
Qu'allons-nous faire aux camps ? Les femmes sont alors
Plus vaillantes que nous qui bravons mille morts ;
L'âne est plus courageux qu'un lion indomptable ;
Et vous mettez le juge au-dessous du coupable
Si la vertu première est de savoir souffrir.
— O mes seigneurs, ce n'est pas tout que de punir,
Et l'on doit au pouvoir mesurer la clémence.
Certe, il faut condamner la froide violence,
Et tuer, j'en conviens, est un acte odieux ;
Mais n'est-il pas aussi juste que malheureux
Alors qu'on se défend ? La colère est impie ;
Mais qui ne se met pas en courroux dans sa vie !
— Pesez dans vos esprits ces raisons.

DEUXIÈME SÉNATEUR.

　　　　　　　　　　Vainement
Vous nous parlez pour lui.

ALCIBIADE.

　　　　　　　　Je parle en vain ? Comment !
Les services qu'à Sparte et Byzance il sut rendre
Ne suffisent-ils pas tout seuls à le défendre ?

PREMIER SÉNATEUR.

Et qu'importe ?

ALCIBIADE.

Songez aux services passés,

Aux nombreux ennemis par sa main terrassés ;
Songez à la valeur récemment déployée
Dans un combat sanglant !

DEUXIÈME SÉNATEUR.

Elle fut trop payée
Par le butin qu'il prit ; — c'est un franc libertin,
Et sa raison se mire en un vice certain,
Qui même tient souvent prisonnier son courage.
Neût-il pas d'ennemis, que ce vice sauvage
Suffirait à le vaincre. On l'a vu maintes fois,
Dans cet état brutal oubliant toutes lois,
Des tristes factions susciter les orages,
Ne plus respecter rien, commettre cent outrages.
Nous savons en un mot que ses jours sont honteux
Et que l'ivresse en fait un homme dangereux.

PREMIER SEIGNEUR.

Il mourra.

ALCIBIADE.

Sort cruel ! lui qui dans la bataille
Aurait pu rencontrer un trépas à sa taille ;
— Si ses exploits ne sont rien pour vous arrêter,
(Bien que son bras le doive amplement racheter,)
Comme surcroît, seigneurs, prenez tout mon service.
Oui, je sais qu'à votre âge on veut avec justice
Recevoir des garants ; donc, j'engage aujourd'hui

Victoires et lauriers pour répondre de lui.
Si pour prix de ce crime il doit donner sa vie,
Dans les combats du moins qu'elle lui soit ravie :
La guerre est insensible autant que votre loi !

PREMIER SÉNATEUR.

La loi nous convient mieux ; il mourra. Quant à toi,
Crains notre déplaisir insistant davantage ;
Fût-ce un frère, un ami, dont l'inhumaine rage
Eût répandu le sang, qu'il nous devrait le sien.

ALCIBIADE.

Le sien ? c'est impossible ! — Ah ! seigneur, songez bien
Qui je suis !

DEUXIÈME SÉNATEUR.

    Que dis-tu !

ALCIBIADE.

        Perdez-vous la mémoire.
De mon nom ?

TROISIÈME SÉNATEUR.

    C'en est trop !

ALCIBIADE.

        Vraiment je ne puis croire
Que votre grand âge ait perdu mon souvenir.
Faudrait-il m'abaisser ainsi pour obtenir

Une vulgaire grâce, et que vos âmes dures
Refusent ! Vous rouvrez mes anciennes blessures.

PREMIER SÉNATEUR.

Oses-tu-défier notre force, imprudent ?
Ecoute ces mots brefs, mais d'un effet puissant :
Nous te déclarons tous banni pour l'existence.

ALCIBIADE.

Quoi ! vous me bannissez ? — Bannissez la démence
Et l'usure, fléaux qui rongent le sénat !

PREMIER SÉNATEUR.

Fuis avant deux soleils, abandonne l'état ;
Sinon tu recevrais, bravant notre colère,
Un autre châtiment aussi prompt que sévère.

(Sortent les sénateurs.)

ALCIBIADE.

Puissiez-vous vivre assez pour n'offrir aux regards
Que des troncs décharnés, horribles et blafards !
Quelle n'est pas ma rage ! — Alors qu'en notre ville,
Ils restaient à compter leur or d'une main vile,
Après l'avoir prêté sur de gros intérêts,
J'allais dans les combats, où, pour prix des succès,
Je ne m'enrichissais que de larges blessures ;
Voilà ma récompense ! et voilà, pour leurs cures,
Le baume bienfaisant qu'un avare sénat
Verse aux braves frappés en protégeant l'état.

Je suis banni ! c'est bien : — Ma légitime haine
Me permet maintenant de fondre sur Athène.
De mes soldats aigris j'enflammerai l'ardeur :
Vaincre contre le nombre est le suprême honneur ;
Un guerrier ne doit pas, s'il a quelque courage,
Plus que ne font les dieux, supporter un outrage !

———————

Scène VI.

Salle d'apparat chez Timon.

Concert d'instruments. — Des tables sont préparées. — Serviteurs qui
attendent. — Des seigneurs entrent par plusieurs portes.

PREMIER SEIGNEUR.

Salut.

DEUXIÈME SEIGNEUR.

Salut à vous ! — Peut-être, l'autre jour,
Timon nous voulait-il éprouver ?

PREMIER SEIGNEUR.

A mon tour
J'y songeais ; car j'ai peu de foi dans la misère
Que, pour faire l'épreuve, il affectait naguère.

DEUXIÈME SEIGNEUR.

Le doute est confirmé par ce nouveau festin.

PREMIER SEIGNEUR.

Je suis de votre avis ; — il m'a fait ce matin
Inviter comme vous d'une façon pressante ;
J'ai refusé d'abord pour une affaire urgente,
Puis il a tant prié que j'ai dû consentir.

DEUXIÈME SEIGNEUR.

J'avais de mon côté des devoirs à remplir ;
Pourtant il n'a pas mieux admis cette dispense.
— Combien je suis fâché de la mauvaise chance
Qui me privait d'argent lorsqu'il en fit chercher !

PREMIER SEIGNEUR.

Voyons aussi comment les choses vont marcher,
Je suis au désespoir.

DEUXIÈME SEIGNEUR.

Chacun pense de même.
Que vous demandait-il en ce besoin extrême ?

PREMIER SEIGNEUR.

Moi, mille pièces d'or.

DEUXIÈME SEIGNEUR.

Mille pièces !

PREMIER SEIGNEUR.

Et vous ?

DEUXIÈME SEIGNEUR.

Il m'avait demandé.... voici qu'il vient à nous.

(Entre Timon avec une suite nombreuse.)

TIMON.

Votre santé va bien, mes amis ?

PREMIER SEIGNEUR.

A merveille,

Quand nous savons, seigneur, que la vôtre est pareille.

DEUXIÈME SEIGNEUR.

L'hirondelle, seigneur, ne cherche et ne suit pas
L'été plus volontiers que nous suivons vos pas.

TIMON, à part.

Avec plus de plaisir la volage hirondelle
Ne quitte pas l'hiver; les hommes sont, comme elle,
Des oiseaux de passage. —

(Aux invités).

— Avant votre dîner,

Écoutez le concert que je vous fais donner.

(On entend de la musique.)

Si le rude clairon vous est désagréable,
Nous irons aussitôt, messieurs, nous mettre à table.

PREMIER SEIGNEUR.

Je ne pouvais vraiment vous envoyer d'argent :
Vous n'en gardez, j'espère, aucun ressentiment.

TIMON.

N'y songez point.

DEUXIÈME SEIGNEUR.

Seigneur.....

TIMON.

Quel repas délectable

Nous allons faire, amis !

(Des serviteurs apprêtent le festin.)

DEUXIÈME SEIGNEUR.

Je suis inconsolable
De m'être trouvé pauvre ainsi qu'un mendiant,
L'autre jour, lorsque vint chez moi votre intendant.

TIMON.

Oubliez donc cela.

DEUXIÈME SEIGNEUR.

Du moins, veuillez le croire,
Si deux heures plus tôt....

TIMON.

Ah ! de votre mémoire
Chassez ce souvenir.

(A ses serviteurs.)

Que tous les mets divers
Soient servis à la fois !

DEUXIÈME SEIGNEUR.

Quoi ! tous les plats couverts !

PREMIER SEIGNEUR.

Festin royal, je gage !

TROISIÈME SEIGNEUR.

On y verra sans doute

Ce que peut la saison offrir coûte que coûte.

PREMIER SEIGNEUR.

Bonjour, quelle nouvelle ?

TROISIÈME SEIGNEUR.

Ignore-t-on ici

Qu'Alcibiade vient d'être à jamais banni ?

PREMIER ET DEUXIÈME SEIGNEURS.

Le général banni !

TROISIÈME SEIGNEUR.

C'est une chose sûre.

PREMIER SEIGNEUR.

Par quel motif ?

DEUXIÈME SEIGNEUR.

Pourquoi cette peine si dure ?

TIMON.

Venez, mes chers amis.

TROISIÈME SEIGNEUR.

Je vous l'expliquerai

Plus tard. — Le beau repas en ce lieu préparé !

DEUXIÈME SEIGNEUR.

C'est le vieil homme en lui qui se fait reconnaître.

TROISIÈME SEIGNEUR.

Cela durera-t-il ?

DEUXIÈME SEIGNEUR.

Un jour viendra peut-être

Où Timon.....

TROISIÈME SEIGNEUR.

Je le crains.

TIMON.

Seyez-vous à l'instant

Avec la même ardeur que déploie un amant

Pour suspendre sa lèvre à des lèvres chéries ;

Toutes places seront également servies.

Surtout, point de façons dans ce simple repas,

Et que les mets enfin ne refroidissent pas

Pendant de longs débats sur les meilleures places :

Seyez-vous ; — puis aux dieux songeons à rendre grâces.

———————

Grands bienfaiteurs du monde, inspirez aux mortels

D'être reconnaissants. — S'ils vont sur les autels

Vous louer de vos dons, — gardez avec prudence
De quoi donner encor pour que votre puissance
Ne soit pas méprisée. — Accordez à chacun
De vivre sans appel à la bourse d'aucun ;
Car, le jour où les dieux emprunteraient des sommes
Sur la terre, ils seraient délaissés par les hommes,
Faites que le repas à l'hôte généreux
Soit toujours préféré ; — pour que l'on puisse entre eux
De fripons endurcis compter une vingtaine,
Qu'il faille réunir vingt convives à peine :
Si douze femmes sont dans le même festin,
Qu'une douzaine soit.... ce dont on est certain.
— Pour vos autres présents, que, par votre justice,
Tout le sénat d'Athène et le peuple périsse ;
Faites, ô dieux vengeurs ! — en expiation, —
Servir leur infamie à leur destruction.

> (Montrant les convives.)

Et quant à ces amis, — entendez ma prière !
Ils ne sont rien pour moi, que votre loi sévère
Ne leur accorde rien, — rien comme ce festin
Où tous les invités seront venus en vain !

———

Chiens, découvrez les plats, et que chacun dévore !

> (Les plats découverts ne contiennent que de l'eau chaude.)

QUELQUES SEIGNEURS.

Que veut dire Timon ?

QUELQUES AUTRES.

Je n'en sais rien encore.

TIMON

Nobles amis de bouche, avant votre trépas
Puissiez-vous ne jamais faire un meilleur repas !
L'eau tiède et la vapeur sont vraiment votre image.
Voici le dernier don que vous offre en partage
Ce Timon qui, paré d'éloges imposteurs,
S'en lave,

(Leur jetant de l'eau à la face).

      — Et jette au front de ses adulateurs
Leur turpitude même encor toute fumante !
Passez dans le mépris une vieillesse lente,
Parasites honteux, mais toujours souriants,
Aimables destructeurs, troupe d'ours caressants,
Loups doucereux, amis des fortunes prospères
Et des riches banquets, insectes éphémères,
Ombres et feux-follets, esclaves à genoux !
Ah ! puissent à jamais se déchaîner sur vous
Tous les maux redoutés de l'homme et de la brute !

(A des invités qui se lèvent.)

Quoi ! prétends-tu sortir ? atttends une minute,
Reçois d'abord ta part ; — toi, de même, et toi, prend.

(Il les chasse, en leur jetant les plats à la tête.)

Reste, — je ne veux pas t'emprunter de l'argent,

Mais t'en prêter. — Comment ? les voilà tous en fuite !
Qu'on ne prépare plus de fête dans la suite
Où de pareils coquins soient si mal accueillis !
O fatale maison, brûle ; Athène, péris !
Que Timon désormais accable de sa haine
L'homme et tout ce qui porte une figure humaine !

(Il sort.)

(Rentrent les uns après les autres seigneurs et sénateurs.)

PREMIER SEIGNEUR.

Qu'en pensez-vous, seigneur ?

DEUXIÈME SEIGNEUR.

D'où vient ce grand courroux ?

TROISIÈME SEIGNEUR.

J'ai perdu mon bonnet !

QUATRIÈME SEIGNEUR.

Ma robe, l'avez-vous ?

TROISIÈME SEIGNEUR.

Ce n'est qu'un fou docile à son humeur bizarre ;
L'autre jour il me donne un diamant fort rare,
Et le fait aujourd'hui voler de mon chapeau.
— Quelqu'un n'a-t-il pas vu ce précieux joyau ?

AUTRE SEIGNEUR.

A-t-on vu mon bonnet ?

DEUXIÈME SEIGNEUR.

Le voici.

QUATRIÈME SEIGNEUR.

J'ai ma robe.

PREMIER SEIGNEUR.

Ne restons pas ici.

DEUXIÈME SEIGNEUR.

La raison se dérobe

A ce pauvre Timon.

TROISIÈME SEIGNEUR.

Je le sens à mon dos.

QUATRIÈME SEIGNEUR.

Un jour des bijoux, puis — des pierres pour cadeaux !

(Ils sortent.)

ACTE QUATRIÈME.

Scène I.

Devant les murs d'Athènes.

(Entre Timon.)

Je veux te voir encore, ô muraille indulgente,
Où règne de ces loups la troupe dévorante;
T'abîmant devant moi sous le sol irrité,
Ne défends plus Athène ! — Adieu la chasteté,
Épouses ! Vous, enfants, fuyez l'obéissance !
Vous, esclaves et fous, chassez de l'audience
Les graves sénateurs, et jugez désormais !
Vierges, que l'impudeur ne visita jamais,
Oubliez la vertu sous les yeux de vos mères !
Gardez votre butin, frauduleux mandataires,
Et, pour n'entendre plus la voix des créanciers,
Que d'un coup de poignard par vous il soient payés !
Volez sans nul remords, ô serviteurs utiles !
Vos nobles maîtres sont de ces larrons habiles

De qui la large main pille au nom de la loi !
Ton maître le désire, — à ses bras livre-toi,
Jeune fille ; cours donc, cours, tandis que sa femme
Va se prostituer dans un endroit infâme !
Pour toi, fils de seize ans, de sa débile main
Arrache le bâton qui soutient en chemin
Ton vieux père souffrant, — et brise-lui la tête !
Respect, amour des dieux, et culte de l'honnête,
Justice et bonne foi, calme de la maison,
Doux repos de la nuit, concorde, instruction,
Mystères saints, lois, mœurs, commerce nécessaire,
Bienséances, égards, coutumes qu'on révère,
Laissez prendre la place aux contraires excès ;
Que la terre au chaos soit livrée à jamais !
— Fléaux craints des mortels, répandez sur Athènes
De vos corruptions les impures haleines :
Il est temps de punir ! Frappe nos sénateurs.
O froide sciatique ; images de leurs mœurs,
Que leurs membres boiteux traînent un corps rebelle !
Ardeur des voluptés, gagne jusqu'à la moelle
Les jeunes gens du jour ; en eux sache dompter
L'attrait de la vertu qui les pourrait tenter :
Enseigne-leur enfin la débauche infâmante !
Aux cœurs athéniens que la gale fermente,
Et qu'ils récoltent tous la lèpre aux traits hideux !
Le souffle soit du souffle empoisonné chez eux !

Que leur société, policée et légère,
Soit, comme leur tendresse, un poison délétère !
Au delà de tes murs, détestable cité,
Je n'emporte avec moi rien que ma nudité :
Prends-la donc, si tu veux, en augmentant le nombre
De tes proscriptions ! je me retire à l'ombre
Des forêts ; — pour Timon les animaux cruels
S'y montreront moins durs que ne sont les mortels.
Dieux justes, écoutant le vœu de ma vengeance,
De ces Athéniens exterminez l'engeance,
Et pour tous les mortels, ou faibles ou puissants,
Accroissez de Timon la haine avec les ans !

(Il sort.)

Scène II.

Une salle du palais de Timon.

(Entrent Flavius et deux ou trois serviteurs.)

PREMIER SERVITEUR.

Parlez, digne intendant, où Timon peut-il être ?
Sommes-nous ruinés comme notre bon maître ?

FLAVIUS.

Hélas ! mes chers amis, — que Jupiter clément
Se souvienne de moi ! — je suis présentement
Aussi pauvre que vous.

PREMIER SERVITEUR.

                    Une maison si fière
Renversée ! Un tel maître en proie à la misère !
Plus rien ! Pas un ami qui, pour suivre ses pas,
Veuille prendre aujourd'hui son malheur par le bras !

DEUXIÈME SERVITEUR.

Tels que d'un compagnon descendu dans la tombe
Nous détournons les yeux, — de Timon qui succombe
On peut voir maintenant s'éloigner les flatteurs,
Ne laissant avec lui que leurs souhaits menteurs,
Inféconds en secours comme une bourse vide.
Et, désormais pareil au mendiant livide,
Sans autre bien que l'air, le bienfaiteur vanté
Marche, chargé des maux nés de la pauvreté,
Seul, comme le mépris. — De nos amis en foule....

(Entrent d'autres serviteurs.)

FLAVIUS.

Tous débris abattus d'une maison qui croule.

TROISIÈME SERVITEUR.

De Timon cependant, je le lis sur nos fronts,
Nous conservons au cœur la livrée, et voulons

Servir sous ce malheur aux terribles secousses ;
Le navire fait eau : nous autres, pauvres mousses,
Vers qui monte en grondant la menaçante mer,
Il faut nous disperser dans l'océan de l'air.

FLAVIUS.

Je veux, mes bons amis, vous donner en partage
Le peu d'argent que j'ai retiré du naufrage.
Quels que soient de nous voir le lieu, l'occasion,
Restons toujours unis par égard pour Timon ;
Que, secouant la tête en signe funéraire
Sur son bonheur passé, chacun, pour me complaire,
Dise : « Des temps meilleurs par nous ont été vus. »

(Leur donnant de l'argent.)

Tendez les mains, prenez ; — mais pas un mot de plus :
Nous devons nous quitter, ne gardant pour richesse
Que des chagrins amers.

(Sortent les serviteurs.)

O poignante détresse,
Où le luxe éclatant nous a précipités !
Qui donc pourrait courir à ces prospérités,
Si l'on n'obtient ainsi que mépris et misère ?
Et qui désirerait leur splendeur éphémère,
Pour jouir seulement de songes d'amitiés ?
Qui voudrait cette pompe et ces biens enviés
Aussi faux et trompeurs que la cohorte infâme
Des amis de Timon ? La bonté de son âme

A ruiné mon maître : O crime inusité
D'un homme qui se perd par générosité !
Lequel l'imitera, si la munificence,
Qui fait les dieux, corrompt ici-bas l'existence
Des hommes ? Cher seigneur, qu'on aimait à bénir,
Qu'on maudit à présent, — riche pour mieux souffrir,
De tes jours de grandeur ton malheur est l'ouvrage !
Hélas ! le noble maître ! il a fui, dans sa rage,
Ce repaire abhorré de monstrueux amis :
En l'état misérable où le destin l'a mis,
Il ne possède rien de ce qu'il faut pour vivre.
Je cours à sa recherche, et je prétends le suivre ;
Car je veux, animé du même dévouement,
Tant que j'aurai de l'or, rester son intendant !

(Il sort.)

Scène III.

Les bois. — Caverne au fond du théâtre.

(Entre Timon.)

TIMON.

O soleil créateur, va chercher, dans la terre,
Les impures vapeurs ; depuis la haute sphère,
Où ta sœur vit en paix, infecte l'air malsain !

De deux frères jumeaux, sortis du même sein
Qui les portait unis, la fortune est contraire;
Le plus fort ne craint pas de dédaigner son frère :
Tel, malgré tous les maux dont il est tourmenté,
L'homme ne peut jouir de la prospérité,
Sans qu'il méprise l'homme. — Accordez la puissance
A ce pauvre, — jetez ce grand dans l'indigence :
Au premier, d'un beau nom le lustre si vanté,
Au second, le mépris qui suit l'obscurité.
Sur deux frères, si l'un s'engraisse d'opulence,
La misère de l'autre amaigrit l'existence.
Qui donc, dans la fierté d'un pur et noble cœur,
Osera s'écrier : Cet homme est un flatteur !
S'il en est un, à tous son erreur est commune ;
Car chacun des degrés menant à la fortune
Est constamment usé par celui qui descend.
Devant un sot doré s'incline le savant;
Tout est faux, rien de vrai dans notre triste espèce
Que le vice odieux et la scélératesse.
Maudits soient les plaisirs et les jeux des humains !
Pour lui, pour son semblable, amers sont les dédains
De Timon; sous ses yeux, ah ! périsse leur race !

(Fouillant le sol avec une bêche.)

O terre, livre moi des racines, — en place,
Que l'homme, qui de toi voudrait demander mieux,
Ne trouve dans ton sein que des poisons affreux !
Que vois-je ici ? — cet or, dont la foule raffole ?

Non ! je n'exprimai point un désir si frivole :
Des racines, ô dieux, voilà tous mes souhaits !
Quelques parcelles d'or peuvent avec succès
Changer le noir en blanc, l'injustice en sagesse,
La laideur en beauté, l'infamie en noblesse,
En vieillard un jeune homme, en vaillant un peureux ;
Pourquoi ? pourquoi cela ? mais pourquoi, justes dieux ?
Il peut même, cet or, si telle est son envie,
Dépeupler vos autels, — et, pour hâter leur vie,
Arracher l'oreiller du chevet des heureux.
Ce métal peut serrer ou rompre tous les nœuds ;
Il sait sanctifier ce qu'on devrait maudire,
Faire honorer partout la lèpre qui déchire,
Et, donnant respect, titre, estime à des voleurs,
Les mettre, s'il veut bien, au rang des sénateurs.
De la veuve, c'est l'or qui sait tarir les larmes,
Et dans un autre hymen lui fait trouver des charmes.
L'être le plus affreux, qu'au fond de son réduit
L'ulcère dévorant harcèle jour et nuit,
Peut revenir, par lui, s'il l'embaume et le pare,
Aux jours de son avril. — Allons, métal barbare,
Artisan de discorde entre tous les humains,
Qu'ils adorent pourtant, — je prétends, par mes mains,
Te rendre sans délai ta place dans la terre.

(On entend une marche guerrière.)

Qu'est ce bruit ? un tambour ! — Idole du vulgaire,

Métal subtil, mon bras saura t'ensevelir ;
Va, brigand, — qu'en ces lieux où je veux t'enfouir,
Tu sois inaccessible aux efforts des avares.
— Mais il faut en garder qui me servira d'arrhes.

(Il conserve un peu d'or et enfouit le reste.)

Entre Alcibiade, en habit de guerrier, avec des tambours et autres instruments ; puis, Phryné et Timandre.

ALCIBIADE.

Réponds-moi, quel es-tu ?

TIMON.

                    Je suis un animal
Comme toi. Que ton cœur par un charme fatal
Soit rongé, pour offrir un mortel à ma rage !

ALCIBIADE.

Quel est ton nom ? Pourquoi cette haine sauvage
Des hommes ? N'es-tu pas un homme comme nous ?

TIMON.

Je suis le *misanthrope*, et les déteste tous ;
Si tu n'étais qu'un chien, je t'aimerais, je pense.

ALCIBIADE.

Je te connais ; pourtant, je n'ai pas la science
De tes malheurs.

TIMON.

                    Et moi, qui te connais aussi,

Je ne désire pas en savoir plus; — ainsi,
Suis tes tambours; de sang cours abreuver la terre :
Cruelles sont nos lois, — qu'est-ce donc que la guerre ?

(Montrant Phryné.)

Pour cette courtisane attachée à tes pas,
Ses yeux détruisent plus que ton glaive aux combats,
Malgré leurs doux regards.

PHRYNÉ.

Que tes lèvres pourrissent !

TIMON.

Que ce soient bien plutôt les tiennes qui périssent ?
Je n'ai de t'embrasser la moindre ambition.

ALCIBIADE.

Comment a pu changer le généreux Timon ?

TIMON.

Comme change la lune en manquant de lumière;
Mais moi, perdu le feu de ma clarté première,
Où trouver des soleils pour la renouveler ?

ALCIBIADE.

Quel service d'ami te puis-je proposer ?

TIMON.

Aucun que de prouver mon exacte justice.

ALCIBIADE.

Qu'est-ce à dire ?

TIMON.

Promets de me rendre service,
Et ne m'en rends pas un. Si tu ne promets point,
Te confondent les dieux ! tu fus homme en ce point !
Si tu tiens ton serment, que leur courroux t'assomme !
N'auras-tu pas encore agi comme un autre homme ?

ALCIBIADE.

Noble Timon, je sais vaguement tes malheurs.

TIMON.

Ne les as-tu pas vus au temps de mes grandeurs.

ALCIBIADE.

Je les vois maintenant. Les heureuses années
Que tu passais alors !

TIMON.

Ces deux prostituées,
Te font-elles heureux, général ?

TIMANDRE.

Est-ce bien
Ce mortel admiré, l'illustre Athénien ?

TIMON.

N'es-tu pas Timandre ?

TIMANDRE.

Oui.

TIMON.

> Reste toujours infâme !

C'est ton corps que l'on aime, et ce n'est point ton âme.
Afin de réprimer leurs lascives ardeurs,
Empoisonne le sang de tes adorateurs ;
Que tes jeunes amants, au teint vermeil et rose,
Sentent flétrir par toi leur vie à peine éclose ;
Pour prix de ton amour condamnés à souffrir,
Infecte-les de maux que rien ne peut guérir

TIMANDRE.

Descends dans les enfers, monstre !

ALCIBIADE.

> Douce Timandre,

Pardonne ; le malheur, comme tu peux comprendre,
Egare son esprit et trouble sa raison.
— Je n'ai plus qu'un peu d'or, mon excellent Timon,
Et le besoin sans cesse excite l'insolence
De mes soldats en proie aux maux de l'indigence.
Cependant on m'a dit, — ô source de douleur !
Comment l'ingrate Athène, oubliant ta valeur
Et tes fameux exploits, lorsque, couvert de gloire,
Tu chassas ses voisins par plus d'une victoire.....

TIMON.

Fais battre le tambour sur l'heure, et laisse-moi.

ALCIBIADE.

Je t'aime, cher Timon, et j'ai pitié de toi.

TIMON.

Ah ! vraiment : ta pitié m'importune et me blesse ;
Je préfère être seul.

ALCIBIADE, *lui offrant de l'or.*

Adieu donc, je te laisse ;
Mais prends cet or.

TIMON.

Non pas ; le pourrais-je manger ?

ALCIBIADE.

Quand des Athéniens j'aurai su me venger....

TIMON.

Eh quoi ! fais-tu la guerre aux habitants d'Athène ?

ALCIBIADE.

Oui, j'en ai grand sujet.

TIMON.

Ces objets de ma haine
Puissent-ils être tous par ton bras valeureux
Massacrés ; — et qu'après t'exterminent les dieux !

ALCIBIADE.

Moi-même ?

TIMON.

On l'apprendra par cette boucherie
De coquins, — tu devais conquérir ma patrie.
Garde ton or. —

(Il lui en donne.)

Veux-tu de ce métal brillant ?
Emporte du mien, va : — sois aussi malfaisant
Que ce fléau, par qui s'empoisonnent les nues,
Quand Jupiter punit les cités corrompues.
Que personne n'échappe à ton glaive acéré ;
Egorge sans merci le vieillard honoré
Malgré ses cheveux blancs : il pratique l'usure ;
Frappe cette matrone habile à l'imposture :
Elle paraît honnête et vit d'impureté ;
De ce front virginal que la douce beauté
N'émousse point ton glaive ; et, pour ce sein d'albâtre,
Que la gaze révèle à la foule idolâtre,
Perce-le comme traître : il ne fut point inscrit
Au livre de pitié ; — cet enfant, qui sourit
De manière à dompter la plus cruelle rage,
Tiens-le pour un bâtard, dont un fâcheux présage
A menacé tes jours, et frappe sans remord.
Que tous, par ta fureur, soient voués à la mort ;
N'écoute rien ; d'airain cuirasse tes paupières ;
Reste insensible aux cris des enfants et des mères,
Et frappe, inexorable aux plaintes des mourants,

Dans leurs habits sacrés, les prêtres tout sanglants.
De l'or à tes soldats ! et, ton ire assouvie,
Puisses-tu par tes mains finir ta propre vie !
— Va, pas un mot de plus.

ALCIBIADE.

As-tu gardé de l'or ?
Plutôt que tes conseils je le prendrais encor.

TIMON.

Suivis ou non suivis, le ciel te soit funeste !

PHRYNÉ ET TIMANDRE.

Donne-nous un peu d'or, ô Timon, s'il t'en reste.

TIMON.

Oui, j'en conserve assez pour faire, si je veux,
Renoncer quelque fille à son métier honteux,
Ou changer en matrone une prostituée.
Allons, tendez les mains, engeance conspuée :
Les serments ne sont rien pour vous, et cependant
Vous osez, je le sais, en prodiguer souvent
Par qui doivent frémir les voûtes éthérées,
Et frissonner les dieux aux demeures sacrées ;
Ainsi, point de serments, — obéissez toujours
A vos goûts dissolus, et vendez vos amours.
Pour celui qui voudrait vous arracher au crime,
Que vos charmes trompeurs le traînent dans l'abîme ;
Brûlez-le de vos feux, courbez-le sous vos lois.

Faites votre métier ; — mais que, durant six mois,
Vous subissiez au moins des douleurs méritées.
Couvrez de faux cheveux vos têtes dévastées :
Leur dépouille fût-elle enlevée à des morts
Expirés au gibet, — usez de ces trésors
Pour trahir les vivants ! Peignez bien votre face,
Qu'on puisse s'y mirer comme dans une glace ;
Et cachez sous le fard les injures du temps.

PHRYNÉ ET TIMANDRE.

Va, donne-nous de l'or ; pour de pareils présents
Nous ferons tout, mon cher.

TIMON.

                        Atrophiez les jambes,
Et viciez le sang des gens les plus ingambes,
Du légiste étouffez le fausset chicaneur,
Toujours prêt à servir un client imposteur :
Grangrenez ce pontife, à la rigueur extrême,
Qui gourmande la chair sans se croire lui-même ;
Putréfiez le nez de ce mortel jaloux
D'éventer son bien seul entre le bien de tous ;
Dépouillez ces muguets de leurs boucles si chères,
Et que ces fanfarons, échappés à nos guerres,
Puisent dans votre sein les maux les plus cruels ;
Sous le même fléau ployez tous les mortels :
Terrassez du plaisir et desséchez la source ;

Voici de l'or; — par lui perdez-vous sans ressource,
Après avoir perdu la race des humains,
Et n'ayez pour tombeau que le bord des chemins !

PHRYNÉ ET TIMANDRE.

Des avis et de l'or, si cela peut te plaire,
Noble Timon.

TIMON.

C'est bien, j'ai donné le salaire :
Quand la débauche croît, les maux sont plus nombreux.

ALCIBIADE.

Adieu, brave Timon; je viendrai dans ces lieux
Te revoir, si le sort est propice à ma haine.
Tambours, retentissez, — et marchons vers Athène.

TIMON.

Je ne te verrai plus, si j'en crois mes souhaits.

ALCIBIADE.

Pourquoi ? Songeai-je donc à t'offenser jamais ?

TIMON.

Sur moi n'as-tu pas dit du bien ?

ALCIBIADE.

Est-ce une offense ?

TIMON.

Oui, sans cesse on en voit la triste expérience.
— Pars avec tes limiers.

9

ALCIBIADE.

Nous ne faisons ici
Que l'irriter ; partons.

(Le tambour bat. — Sort Alcibiade avec Phryné et Timandre.)

TIMON.

Comment, sans nul souci
Du crime des humains, la nature en colère
N'a-t-elle point déjà stérilisé la terre ?

(Creusant le sol.)

Mère commune, ô toi de qui le sein fécond
Engendre et nourrit tout ; qui, du même limon,
D'où sort un fier mortel, ton œuvre la plus chère,
Formes le noir crapaud, la bleuâtre vipère,
Le lézard jaune d'or, et le serpent sans yeux (1),
Et tous ces animaux, abhorrés sous les cieux,
Qu'anime Hypérion de sa brillante flamme ;
Accorde au malheureux, qui hait du fond de l'âme
Les hommes tes enfants, une racine ! — puis,
Demeure pour toujours stérile, et ne produis
Plus rien qui soit utile à cette ingrate engeance !
Ne porte désormais, terre, en ton sein immense,
Que des tigres, des loups, et des dragons affreux,
Ou des monstres nouveaux, s'il en est après ceux

(1) *Eyeless worm*; — espèce de serpent remarquable par la petitesse de
ses yeux.

Que montre ta surface au firmament de marbre.
Ah ! puissé-je trouver une racine d'arbre !

(Il en découvre une.)

Merci ! ferme à présent tes veines, et taris
Tes vignobles, tes champs et tes prés appauvris ;
Que le mortel ingrat ne sache plus extraire
De tes flancs généreux, ô bienfaisante mère,
Ces sucs et ces liqueurs qui ne font qu'épaissir
Son âme indifférente à tout autre désir !

(Entre Apemantus.)

TIMON.

Grands dieux ! Encore un fils de la race maudite !

APEMANTUS.

On dit que dans ces bois tu te choisis un gîte,
Et, qu'épris de mes mœurs, tu les veux affecter.

TIMON.

Oui, n'ayant pas de chien que je puisse imiter.
— La peste te consume !

APEMANTUS.

Affectation pure !
Ce farouche chagrin n'est pas dans ta nature,
Et n'a d'autre raison que tes malheurs récents.
Pourquoi ce sombre abri, ces pauvres vêtements,
Cette bêche, et ces yeux à la tristesse en proie ?

Cependant tes flatteurs se carrent dans la soie,
Couchent sur le duvet, savourent tes vins vieux,
Respirent à souhait tes parfums dangereux,
Et tous ont oublié jusques à ta mémoire.
Ne va pas, ô Timon, si tu veux bien me croire,
Déshonorer ces bois en singeant aujourd'hui
Le rôle de censeur et de juge d'autrui.
Fais-toi plutôt flatteur, et songe à reconstruire
Ta splendeur des moyens qui vinrent la détruire :
Courbe donc les genoux, — et qu'au souffle léger
D'un riche, ton bonnet soit prêt à voltiger ;
Que sa perversité prenne nom de sagesse :
C'est ainsi qu'avec toi l'on agissait sans cesse.
Comme ces taverniers, aux coquins avenants,
Tes oreilles alors s'ouvraient à tous venants ;
Sois fripon : si de l'or après cette déroute
Te restait, des fripons le mangeraient sans doute ;
Mais cesse de prétendre à m'imiter ainsi.

TIMON.

Ah ! je voudrais plutôt m'anéantir ici.

APEMANTUS.

Tu l'as fait dès longtemps, — jadis déraisonnable,
Maintenant en démence, à toi toujours semblable.
Attends-tu que l'air froid, ton page impétueux,
T'apporte doux et chaud un vêtement soyeux ?

Ces grands arbres moussus, à l'antique feuillage,
Iront-ils sur tes pas transplanter leur ombrage ?
Crois-tu que ce ruisseau, moins glacé désormais,
Va venir réparer tes nocturnes excès ?
Appelle-donc vers toi ces êtres misérables
Exposés aux rigueurs des cieux inexorables ;
Pour ces troncs dégarnis, qui souffrent à la fois
De tous les éléments les implacables lois,
Dis-leur de te flatter, — et tu pourras connaître....

TIMON.

Que tu n'es qu'un fou. Pars.

APEMANTUS.

Tu commences à m'être
Plus cher, brave Timon, que jamais tu ne fus.

TIMON.

Tout au contraire, moi, je te déteste plus.

APEMANTUS.

Pourquoi ?

TIMON.

Tu viens flatter bassement la misère.

APEMANTUS.

Non pas ; mais je te traite ainsi qu'un pauvre hère.

TIMON.

Pourquoi viens-tu vers moi ?

APEMANTUS.

Pour te mettre en courroux.

TIMON.

— C'est un rôle vraiment de lâches ou de fous :
Te conviendrait-il ?

APEMANTUS.

Oui.

TIMON.

Le scélérat infâme !

APEMANTUS.

Si de plein gré, Timon, pour châtier ton âme,
Tu prenais ces haillons, ce serait beaucoup mieux ;
Mais tu voudrais ramper si tu n'étais pas gueux.
Le pauvre volontaire, auprès de la richesse
Inquiète, est un roi. Quand l'une veut sans cesse,
L'autre paraît toujours au comble de ses vœux ;
Tel ne sait pas jouir du sort le plus heureux,
Et souffre plus de maux, au sein de l'opulence,
Que le sage accablé par l'extrême indigence.
Tu devrais à ton aide appeler le trépas,
Te trouvant misérable.

TIMON.

Il ne t'appartient pas
De me donner ce nom, à toi plus misérable.

Tu n'es qu'un être vil ; le destin secourable,

Sans t'enlacer jamais de ses bras caressants,

T'éleva comme un chien. — As-tu, dans aucun temps,

Traversé ces douceurs, que le monde dispense

A ceux qui, comme nous, reçurent la puissance

De commander d'un geste aux dociles plaisirs ?

La débauche eût été le but de tes désirs,

On aurait vu l'ardeur de ta jeunesse impure

Se consumer sans trêve aux bras de la luxure ;

Et, poursuivi d'un songe, au décevant aspect,

Tu n'eusses point appris les leçons du respect.

Mais moi, qui pour esclave avais toute la terre,

J'attirais plus de cœurs et d'yeux prêts à me plaire

Que mes propres pensers l'eussent voulu jamais.

Attachés après moi, comme dans les forêts

Les feuilles sont au chêne, une seule tempête

A de ces serviteurs découronné ma tête ;

Puis, ils m'ont exposé nu, triste et malheureux,

Au souffle déchaîné de l'hiver orageux.

C'est un fardeau pour moi, de qui toute la vie

Fut heureuse ; mais toi, ton âme est endurcie ;

Tu ne connus jamais que le rude malheur.

Contre tous les mortels pourquoi cette fureur ?

Ils ne t'ont pas flatté : de ta main tutélaire

Quels dons ont-ils reçu ? S'il faut, dans ta colère,

Maudire, — va, maudis ton père le premier,

Lui qui, pour de sa haine engendrer l'héritier,
S'allia de dépit à quelque misérable
Errante comme lui. Fuis, être méprisable !
Si tu n'étais pas né le dernier des humains,
Tu brillerais parmi courtisans et coquins !

APEMANTUS.

Quoi ! tu restes si fier ?

TIMON.

Oui, de la différence
Qu'on remarque entre nous.

APEMANTUS.

Moi, j'ai de l'arrogance
De n'avoir pas été prodigue.

TIMON.

Quant à moi,
C'est de le demeurer ; dussé-je voir en toi
Tout l'or de l'univers, — d'une vive allégresse,
J'enverrais aux enfers toi-même et ta richesse ;
Va. —

(Mangeant une racine.)

Des Athéniens pourquoi donc n'ai-je pas
Le destin sous ma dent ? — quel excellent repas!....

APEMANTUS, *qui lui donne un fruit.*

Je veux rendre meilleur ton festin.

TIMON.

Pars sur l'heure,
Pour que ma compagnie en devienne meilleure.

APEMANTUS.

La mienne le serait plutôt par ton départ.

TIMON.

Elle serait gâtée, à mon sens.

APEMANTUS.

De ta part
Que faudra-t-il offrir aux habitants d'Athène ?

TIMON.

Toi, dans un ouragan. — Veux-tu prendre la peine
De leur dire qu'ici je conserve de l'or ;
Tu le vois.

APEMANTUS.

En ces lieux que faire d'un trésor ?

TIMON.

Il vaut plus, car il dort sans dangereux usage.

APEMANTUS.

Où passes-tu la nuit ?

TIMON.

Sous ce dais de feuillage.
— Où manges-tu le jour ?

APEMANTUS.

Où je trouve des mets.

TIMON.

Que n'ai-je le poison docile à mes souhaits !...

APEMANTUS.

Pourquoi ?

TIMON.

Pour relever par lui ta nourriture.

APEMANTUS.

Tu n'as jamais connu d'une juste mesure
Les tempéraments vrais, et t'es jeté toujours
De l'extrême à l'extrême. En tes splendides jours,
Dans l'or et les parfums chacun raillait sans cesse
La recherche et l'excès de ta délicatesse ;
Le contraire défaut, indigent aujourd'hui,
Ne te rend qu'un objet de dédain pour autrui (1).
— Que ne détestais-tu plus tôt la basse intrigue,
Timon, tu m'aimerais maintenant. — Le prodigue
Garde-t-il des amis quand vient l'adversité ?

TIMON.

Qui peut être chéri sans la prospérité ?

_____

(1) Le traducteur a dû supprimer quatre lignes de l'original, dont la signification repose uniquement sur un jeu de mots impossible à rendre, fait sur *medlar*, nèfle, et *meddler*, intrigant, flatteur.

APEMANTUS.

Moi-même.

TIMON.

A des chiens vils tu dois sûrement plaire.

APEMANTUS.

Que trouves-tu de plus ressemblant sur la terre
Aux flatteurs ?

TIMON.

Suivant moi, les femmes en sont près ;
Mais les hommes surtout en possèdent les traits.
Si l'univers entier était sous ta puissance,
Qu'en ferais-tu ?

APEMANTUS.

J'irais le livrer sans défense
Aux animaux cruels, pour détruire à jamais
La race des humains.

TIMON.

Mais, selon tes souhaits,
Voudrais-tu disparaître en ce commun naufrage,
Et demeurer ainsi qu'un animal sauvage
Parmi les animaux ?

APEMANTUS.

Oui, tels seraient mes vœux.

TIMON.

Le bestial désir, exaucez-le, grands dieux !

Si lion, le renard tromperait ta sagesse ;

Tendre agneau, le renard te poursuivrait sans cesse ;

Si renard, tu serais suspecté du lion

Alors qu'il te verrait accusé par l'ânon ;

Ane, sous ta sottise, expirerait ta joie,

Et tu vivrais, du loup pour devenir la proie ;

Loup, ta voracité causerait tes tourments

Et tu t'exposerais pour quelques aliments ;

Tu périrais, licorne, en ta fureur brutale (1) ;

Ours, tu serais bientôt tué par la cavale ;

Cheval, le léopard serait ton ennemi ;

Léopard, du lion le parent et l'ami,

Tu devrais expier les crimes de ta race,

Ou lasser, par la fuite, une éternelle chasse.

Quel animal sur terre enfin trouverais-tu

Qui par un plus vaillant ne fût point abattu ?

Et n'en es-tu pas un, s'il faut que je t'expose

Combien te coûterait cette métamorphose ?

APEMANTUS.

Si je pouvais jamais me plaire en t'écoutant,

---

(1) *Unicorn*, animal fabuleux, cheval avec une corne au front, et si ardent
à la colère qu'on en racontait le trait suivant : « Quand le lion, son ennemi,
» l'aperçoit, il s'adosse contre un arbre ; la licorne furieuse, s'élançant sur
» lui de toute sa vitesse, enfonce sa corne dans l'arbre, et devient ainsi la
» proie du lion. (*Gesner*, histoire des animaux.)

J'aimerais ce langage. — Athène est maintenant
Des hôtes de nos bois le repaire et l'asile.

TIMON.

L'âne en est-il sorti que tu quittas la ville ?

APEMANTUS, *apercevant de loin le peintre et le poète.*

Le peintre et le poète ici viennent tous deux :
La peste que ces gens au cœur faible et douteux !
Je les laisse avec toi, ne sachant m'y complaire,
Et reviendrai pourtant, si je n'ai mieux à faire.

TIMON.

Ne rencontrant personne, on te recevra bien ;
Plutôt qu'Apemantus je voudrais être un chien.

APEMANTUS.

Pas de fou près de toi qui ne paraisse sage.

TIMON.

Tu ne mérites point qu'on te crache au visage.

APEMANTUS.

Tu ne vaux même pas mes malédictions.

TIMON.

J'estime plus que toi le dernier des fripons.

APEMANTUS.

La lèpre est un bienfait auprès de ton langage.

TIMON.

Ah ! si je te nommais.... je me sens une rage
De te battre ; mais non, j'infecterais mes bras.

APEMANTUS.

Puissé-je les trancher d'un mot !

TIMON.

Porte tes pas
Hors d'ici, chien galeux ! La colère me monte
De te voir vivre encor ; — ton aspect me fait honte.

APEMANTUS.

T'emporte le trépas !

TIMON.

Infâme, laisse-moi.

(Lui jetant une pierre.)
Je regrette de perdre une pierre après toi.

APEMANTUS.

Brute !

TIMON.

Esclave !

APEMANTUS.

Crapaud !

TIMON.

Infâme, infâme, infâme !
(Apemantus s'éloigne, comme pour quitter Timon.)

D'horreur et de dégoût se soulève mon âme;

Je ne veux rien aimer de ce monde pervers

Que cette herbe arrachée à ses flancs entrouverts.

Va, prépare, Timon, ta demeure dernière;

Que les flots écumants puissent baigner la pierre

De ton funèbre lit; — par un suprême effort,

Ecris une épitaphe où se montre ta mort,

Comme une raillerie à l'injustice humaine.

(Il regarde son or.)

Et toi, doux régicide ! ô cher brandon de haine,

Qui divises le père et le fils par tes mains !

O brillant corrupteur des plus chastes hymens !

Toi plus hardi que Mars ! amant plein de jeunesse,

Toujours frais et dispos, dont la flamme traîtresse

Perd jusqu'à l'innocence, et de qui les secrets

Font rougir de Diane aux pudiques attraits

Le sein neigeux et pur ! Dieu constamment visible,

Qui sais à ton désir gouverner l'impossible,

Ou selon tes projets tenir tous les discours !

O toi, l'aimant des cœurs ! j'invoque ton secours :

Suppose qu'à ta voix les hommes sont rebelles,

Et fais naître chez eux de confuses querelles,

Pour que la honte règne et domine ici-bas !

APEMANTUS.

Que tes vœux soient remplis, mais après mon trépas !

Je vais semer partout le bruit de ta richesse,
Afin qu'ici la foule à tes côtés se presse.

TIMON.

La foule ?

APEMANTUS.

Assurément.

TIMON.

Laisse-moi, laisse-moi.

APEMANTUS.

Vis, et sache chérir ta misère.

TIMON.

Pour toi,
Vis ou meurs avec elle, il ne m'importe guère.

(Sort Apemantus.)

Encor des hommes ! — Mange, — et suis de ta colère
Les mortels, ô Timon !

(Entrent des maraudeurs.)

PREMIER MARAUDEUR.

S'il a vraiment de l'or,
Ce doit être un débris de son ancien trésor.
— L'abandon des amis, qui suivit sa ruine,
L'aura jeté sans doute en cette humeur chagrine.

DEUXIÈME MARAUDEUR.

Le bruit court qu'il possède un trésor important.

TROISIÈME MARAUDEUR.

S'il n'en est point jaloux, nous l'aurons aisément ;
Mais comment le saisir pour peu qu'il le conserve
Avec soin ?

DEUXIÈME MARAUDEUR.

L'on prétend qu'il le tient en réserve,
Et ne l'a pas sur lui.

PREMIER MARAUDEUR, *apercevant Timon.*

N'est-ce point là Timon ?

TOUS.

Qui ? cet homme ?

DEUXIÈME MARAUDEUR.

Il répond à la description
Qu'on en donne.

TROISIÈME MARAUDEUR.

C'est lui, je connais son visage.

TOUS.

Salut, Timon.

TIMON.

Eh bien, voleurs ?

TOUS.

C'est un outrage :
Soldats, non pas voleurs.

10

TIMON.

                    Tous deux en même temps,
Nés de femmes encor.

TOUS.

                    Nous ne sommes que gens
Tourmentés par la faim, — non voleurs.

TIMON.

                                J'appréhende
Que tout votre appétit se porte sur la viande ;
Et pourquoi ce désir ! Voyez, le sol produit
Des racines ; partout une eau vive jaillit
De cent ruisseaux ; les glands se suspendent aux chênes ;
Les guérets sont chargés de rougissantes graines ;
Et la nature enfin place, à chaque buisson,
En bonne ménagère, une riche moisson.
Que voulez-vous de plus ?

PREMIER MARAUDEUR.

                            Il ne nous convient guère
De vivre d'herbe et d'eau, comme le peuvent faire
Les oiseaux, les poissons, et nombre d'animaux.

TIMON.

Loin de vous contenter de poissons et d'oiseaux,
Il vous faut dévorer les hommes. Je rends grâce
A la sincérité que montre votre race :

Vous ne vous cachez point sous un masque emprunté ;
Mais l'on vole bien plus dans un monde vanté.

(Leur donnant de l'or.)

Voici de l'or, bandits ; courez donc vous repaître
Du sang noir de la grappe, afin que dans votre être
Il allume une fièvre ardente, qui du moins
Vous sauve du gibet. Ne cherchez pas les soins
Du médecin trompeur ; ce recruteur des ombres
Envoya plus de gens dans les demeures sombres
Qu'on ne vous en a vus piller habilement.
Prenez tout à la fois la vie avec l'argent :
Votre profession, c'est la scélératesse ;
Comme des artisans exercez-la sans cesse.
Tout est voleur au monde. Ils méritent ce nom,
Le soleil qui ravit par son attraction
L'eau du vaste Océan, — et la lune effrontée,
Qui ravit au soleil sa lumière argentée ;
La mer est un voleur quand son puissant effort
Entraîne avec ses flots le sable de son bord ;
La terre est un voleur, faisant sa nourriture
Et s'engraissant des corps tombés en pourriture ;
Tout est voleur ; les lois qui vous tiennent soumis
A leur pouvoir sans frein. — Gardez-vous d'être amis ;
Voici de l'or ; allez, et volez-vous l'un l'autre ;
Egorgez les passants : il est pareil au vôtre

Le métier de tous ceux que vous rencontrerez (1) !

Rendez-vous dans Athène, et là vous pillerez

Les ateliers ouverts : toute votre rapine

Ne peut qu'à des voleurs apporter la ruine ;

Mais ne volez pas moins en recevant mon or,

Et soyez-vous enfin perdus par ce trésor !

(Il retourne à sa caverne.)

TROISIÈME MARAUDEUR.

S'il vante notre état, ce beau discours en somme

M'en éloigne plutôt.

PREMIER MARAUDEUR.

C'est son mépris de l'homme,

Et non pas le désir de nous voir prospérer

Qui dicte ses avis.

---

(1) Dans ce passage : « *Tout est voleur au monde, etc.,* » — le poète anglais paraît s'être inspiré de l'ode XIX d'ANACRÉON: *Tout boit dans l'univers.*

Le sol noir boit les eaux du ciel,

L'arbre lui-même boit la terre,

L'océan boit toute rivière,

Phébus, les flots chargés de sel.

La lune, l'astre de lumière.

Allons, amis, plus de débats:

Pourquoi seul ne boirais-je pas ?

M. Edouard Foussier a également imité l'ode grecque dans sa comédie

DEUXIÈME MARAUDEUR.

Je quitte mon métier,
Prétendant là-dessus me fier à sa haine.

PREMIER MARAUDEUR.

Laissons renaître avant le calme dans Athène.
— Même en butte aux rigueurs du destin irrité,
On peut garder encor quelque véracité !

(Sortent les maraudeurs.)

(Entre Flavius.)

FLAVIUS.

Répondez, dieux puissants ! est-ce bien là mon maître ?
Sous ces pauvres haillons le puis-je reconnaître ?
Monument éternel, exemple surprenant
Des bienfaits qu'aux mortels trop de bonté répand !
A quel abaissement nous mène la misère !
Est-il rien de plus vil et plus lâche sur terre
Qu'un ami conduisant à cette extrémité

---

d'*Héraclite et Démocrite* (Acte II, scène VIII) :

« Puis, quel crime, après tout, de boire avec mesure ?
Voyez autour de vous, tout boit dans la nature :
Le sol boit la rosée, et penché sur les airs
Le soleil boit les flots dans la coupe des mers.
L'arbre, aux flancs de la terre enfonçant sa racine,
Boit par ses mille pieds le torrent qu'il domine ;
Tout boit !.......... »

Le plus généreux cœur ? O siècle détesté
Où l'on doit souhaiter de n'avoir de tendresse
Que pour ses ennemis ! Protégez ma faiblesse,
O dieux ! et désormais faites-moi préférer,
A qui me veut du bien, qui me veut déchirer ?
Il m'aperçoit ; — je vais lui porter l'assurance
De mon chagrin profond ; au prix de l'existence,
Je voudrais le servir ainsi que mon seigneur.
— Cher maître !

TIMON, *sortant de sa caverne.*

Loin d'ici ! Quel es-tu ?

FLAVIUS.

Votre cœur

M'aurait-il oublié ?

TIMON.

J'ai voulu, par sagesse,
Oublier les mortels ; si leur race traîtresse
Te compte dans son sein, je ne te connais pas.

FLAVIUS.

Un honnête valet.....

TIMON.

Toi ? Jamais sur mes pas
Je ne vis d'honnête homme, et ne puis te connaître ;

De fripons seulement autrefois je fus maître
Qui servaient des fripons.

FLAVIUS.

J'en atteste les dieux :
D'un fidèle intendant jamais les tristes yeux
N'ont versé tant de pleurs sur un malheur suprême.

TIMON.

Quoi ! répands-tu des pleurs? — Viens près de moi, je t'aime
D'être comme une femme, et savoir abjurer
La dureté de ceux que l'on ne voit pleurer
Qu'enivrés par la joie ou la débauche folle :
La pitié, qui sommeille en ce siècle frivole,
Ne verse plus de pleurs.

FLAVIUS.

Connaissez-moi, seigneur,
Et daignez agréer ma sincère douleur.

(Lui montrant un peu d'or.)

Je veux, tant que j'aurai cet or, dans la détresse,
Rester votre caissier.

TIMON.

Avais-je en ma richesse
Un intendant si noble et si plein de bonté ?
Mon sauvage courroux en est presque dompté.

Laisse-moi voir ta face. — Il est bien, sur mon âme,
Un homme comme nous engendré d'une femme.
Pardonnez, justes dieux, de ma témérité,
Le trop large anathème à notre humanité !
Je sais un honnête homme, — un seul, je le déclare,
Pas un de plus, pourtant, — et, rencontre bizarre !
Cet homme est un caissier. Comme il m'eût été doux
De charger les mortels d'un semblable courroux !
Mais tu t'es racheté toi-même de ma haine,
Et je maudis, moins toi, toute l'espèce humaine.
— Tu me parais avoir beaucoup moins de raison
Que de probité; car, en trahissant Timon,
Tu te placerais mieux dans un nouvel office :
Tels chez un second maître ont trouvé du service
En marchant sur le corps du premier. Sans détours,
Dis-moi la vérité, (car je doute toujours
Et malgré l'évidence), est-ce que ta tendresse
N'est pas intéressée, usuraire, et traîtresse,
Comme de ceux qui font de somptueux présents,
Pour recevoir des dons vingt fois plus abondants ?

FLAVIUS.

Non, mon très digne maître; hélas ! la défiance
Vous arrive trop tard; — c'était dans l'opulence
Que le soupçon devait être plus écouté;
Mais il ne vient jamais qu'avec l'adversité.

Ma démarche est l'effet de l'amour véritable
Que m'inspira toujours votre âme incomparable,
Et le ciel est témoin que je veux seulement
Prendre soin de vos jours par zèle et dévouement.
Croyez-moi, cher seigneur, tout ce que j'ai d'avance,
Et tout ce que je puis rêver en espérance,
Assez récompensé d'ainsi remplir mes vœux,
Je le sacrifierais pour vous revoir heureux.

TIMON.

Regarde, je suis riche, ô seul homme sincère
Que je connaisse !

(Il lui donne de l'or.)

                    Prends ; les dieux, dans ma misère,
Ont voulu t'envoyer ce trésor ; prends-le donc,
Et vis dans l'opulence, à la condition
De bâtir loin du monde en quelque lieu sauvage.
Maudis tous les mortels d'une haineuse rage ;
Ne montre de pitié pour aucun homme ; avant
De songer à calmer la faim d'un mendiant,
Laisse tomber des os sa chair exténuée ;
Accorde aux chiens impurs l'offrande refusée
Aux hommes ; — des cachots les viennent engloutir,
Et, de dettes chargés, puissent-ils se flétrir
Comme des troncs pourris ! Que leur race sur terre
Souffre de tous les maux ! — Pour toi, vis et prospère !

FLAVIUS.

Cher maître, permettez que je reste avec vous
Pour calmer vos chagrins.

TIMON.

     Si tu crains mon courroux,
Pars lorsque rien ne trouble encor ta quiétude;
Ne vois jamais un homme, et fuis ma solitude.

     (Ils s'éloignent chacun d'un côté.)

————————

ACTE CINQUIÈME.

Scène I.

Même décoration qu'à la dernière scène de l'acte précédent. — Les bois, la caverne de Timon.

Entrent le Poëte, le Peintre, et Timon qui, placé derrière eux, les entend sans être vu.

LE PEINTRE.

Il doit être en ces lieux, si je suis bien instruit.

LE POËTE.

Que nous faut-il penser ? et croirons-nous le bruit
De ses nouveaux trésors si prompt à se répandre ?

LE PEINTRE.

Sans doute. Alcibiade en témoigne ; Timandre
Et Phryné de ses mains ont recueilli de l'or ;
Des soldats maraudeurs en ont eu plus encor ;
Et l'on dit qu'il a fait un don considérable
A Flavius.

LE POÈTE.

Feignant cet état misérable,
Voulait-il éprouver ses amis ?

LE PEINTRE.

Rien de plus,
Et nous allons revoir son luxe et ses vertus
Briller comme autrefois dans Athène. Il est sage
De venir des premiers lui porter notre hommage :
Dans sa fausse détresse il en sera flatté ;
Mais sachons découvrir l'exacte vérité
Sur la rumeur qu'on fait de sa grande richesse.

LE POÈTE.

Que pouvez-vous offrir ?

LE PEINTRE.

Moi-même, et la promesse
D'un chef-d'œuvre prochain.

LE POÈTE.

Je me trouve aujourd'hui
Au même point. — D'ailleurs je dirai que pour lui
Je prépare un ouvrage.

LE PEINTRE.

Excellente parole !
Promettre est le vrai mot de cet âge frivole ;

Rien de tel pour tenir un espoir en éveil,

Qu'agissant à la hâte on replonge au sommeil.

Tenir est tout au plus une sotte méthode

A l'usage du peuple; il est mieux à la mode

De promettre; tenir, c'est faire un testament

Et montrer par là même un pauvre jugement

TIMON, *à part.*

Tu ne pourras jamais nous retracer l'image

D'un homme aussi méchant que toi.

LE POÈTE.

De cet ouvrage,

Que je lui veux offrir, je cherche le sujet :

Il est bien que Timon lui-même en soit l'objet;

Je prétends, en satire y tournant la mollesse

Où jette la grandeur, lui montrer la jeunesse

Et l'opulence en proie à des flatteurs pervers.

TIMON, *a part.*

Te peindras-tu, fripon, jusqu'en tes propres vers ?

Et sous le nom d'autrui feras-tu la satire

De ta scélératesse ? Ah ! commence d'écrire :

Je te garde de l'or.

LE POÈTE.

Oui, vous avez raison ;

Il est fou de laisser passer l'occasion,

En ne la cherchant pas, d'une riche capture.

LE PEINTRE.

Puisqu'il fait jour encore, avant la nuit obscure
Tâchons de le trouver.

TIMON, *à part.*

Je puis dans un instant
M'offrir à vos regards charmés. — Quel dieu puissant
Est donc cet or que vient adorer tout le monde
En des lieux que fuirait un animal immonde !
C'est toi, dont le pouvoir équipe ces vaisseaux
Qui parcourent la mer et sillonnent ses flots;
Toi, qui fais révérer les âmes les plus viles !
C'est bien, sois adoré ! Tes adeptes serviles
Soient à jamais courbés sous des fléaux affreux !
— Je les veux aborder.

(Il s'approche.)

LE POÈTE.

Salut au généreux,
Au sublime Timon !

LE PEINTRE.

Notre digne et bon maître !

TIMON.

Aurais-je assez vécu pour voir enfin paraître
Deux hommes vertueux ?

LE POÈTE.

Ayant reçu, seigneur,
Des bienfaits signalés en vos jours de splendeur,
Et vous sachant caché dans cette solitude,
Loin de lâches amis remplis d'ingratitude....
O détestables cœurs ! — Non, le ciel en courroux
Ne peut assez punir !.... Et quoi ! c'est envers vous,
Vous de qui la noblesse, astre à l'ardente flamme,
Répandait et la vie et la force en votre âme !
Je ne saurais trouver, dans mon emportement,
Des mots assez hardis pour vêtir dignement
Leur infamie énorme.

TIMON.

Alors, laisse-la nue :
De la sorte, par tous elle sera mieux vue ;
— Mais vous, vous restez purs, et votre probité
Fait encor ressortir bien plus leur lâcheté.

LE PEINTRE.

Tous les deux nous avons voyagé dans la vie
Sous vos bienfaits féconds comme une douce pluie ;
Notre reconnaissance....

TIMON.

Oui certe, êtes-vous pas

D'honnêtes gens ?

LE PEINTRE.

Ici nous venons de ce pas
Offrir notre service.

TIMON.

O les hommes sincères !
Comment récompenser des amitiés si chères !
De racines et d'eau vous contenteriez-vous ?
Non.

TOUS LES DEUX, *ensemble*.

Ce que nous pourrons, attendez-le de nous.

TIMON.

Vous savez, j'en suis sûr, messieurs les gens honnêtes,
Que je garde de l'or ; ne mentez, si vous l'êtes.

LE PEINTRE.

On le dit, mon seigneur ; mais un autre souci,
Mon ami comme moi, nous a conduits ici.

TIMON.

L'honnête homme ! il n'est pas de peintre, je le jure,
Qui contrefasse mieux la vie et la nature.

LE PEINTRE.

Vous me flattez.

TIMON.

Non pas. —

(Au poète.)

Toi, dans les fictions
Ton vers, doux et facile en ses expressions,
Est tel que l'art ressemble à la vérité même.
Pourtant je dois vous dire, honnêtes gens que j'aime,
Que vous avez tous deux un défaut très léger ;
Il faudrait peu d'efforts pour vous en corriger.

TOUS LES DEUX.

Nous prions votre honneur de ne point nous le taire.

TIMON.

Vous pourriez vous fâcher.

TOUS LES DEUX.

Non pas ; tout au contraire.

TIMON.

Serait-il vrai ?

TOUS LES DEUX.

Sans doute.

TIMON.

Eh bien, c'est qu'un trompeur,
A qui vous vous fiez, vous dupe.

TOUS LES DEUX.

Nous, seigneur ?

11

TIMON.

Même, vous entendez ses lâches flatteries,
Et connaissez au mieux toutes ses fourberies :
Vous le choyez sans cesse, et vous le chérissez.
— Celui, dans votre sein qu'ainsi vous nourrissez,
Est un coquin !

LE PEINTRE.

Vers moi tel ami ne s'empresse.

LE POÈTE.

Ni vers moi.

TIMON.

Par mes dons vous verrez ma tendresse ;
Mais chassez loin de vous ces traîtres, ces pendards,
Noyez-les dans les flots, frappez-les de poignards,
Et par quelque moyen exterminez leur race :
Vous recevrez après de l'or à cette place.

TOUS LES DEUX.

Nommez-les, cher seigneur, que nous les connaissions.

TIMON.

Placez-vous là, — pour vous, ici, — sans compagnons
Et séparés tous deux ; — or chacun, sur ma vie,
Vous gardez un fripon dans votre compagnie.

(Au peintre.)

Si tu ne veux pas voir deux fripons sur tes pas,
N'approche point de lui.

(Au poète.)

Toi, si tu ne veux pas
Vivre avec deux fripons, évite sa personne.

(Aux deux, qu'il chasse en les frappant.)

Ah ! vous voulez de l'or : marauds, je vous en donne ;
Hors d'ici sur le champ ! vous avez travaillé
Pour moi, chacun de vous devait être payé.

(A l'un d'eux.)

N'es-tu pas alchimiste ?.... eh bien, par ta science
Fais de l'or de ceci. — Loin de moi, vile engeance !

(Il se retire dans sa caverne.)

Scène II.

Même décoration.

(Entrent Flavius et deux sénateurs.)

FLAVIUS.

De parler à Timon vous tentez vainement ;
Car en lui-même il s'est concentré tellement

Qu'il prend, excepté lui, pour objet de sa haine,
Tout être revêtu d'une figure humaine.

PREMIER SÉNATEUR.

Conduis-nous vers son antre ; — il nous faut être admis
Devant ton noble maître, et nous l'avons promis
Aux habitants d'Athène.

DEUXIÈME SÉNATEUR.

En semblable occurrence
L'homme ne montre pas toujours sa ressemblance ;
Ce changement lui vient du temps et du malheur :
Le temps, en accordant d'autres jours de splendeur,
Peut relever chez lui le vieil homme, je pense.
Conduis-nous ; — nous voulons essayer cette chance.

FLAVIUS.

Sa caverne est ici. — Qu'il reçoive des dieux
La paix et le bonheur ! — Paraissez en ces lieux,
Seigneur, venez parler à des amis sincères ;
Les citoyens d'Athène ont pris pour émissaires
Des membres révérés du sénat ; parlez-leur.

(Entre Timon.)

TIMON.

N'échauffe plus, mais brûle, ô soleil destructeur !
Allons, parlez, maudits ; et que d'impures fièvres
A chaque vérité fassent gonfler vos lèvres!

Puisse à chaque mensonge un feu contagieux
Consumer jusqu'à l'os votre palais hideux !

PREMIER SÉNATEUR.

Cher et digne Timon.....

TIMON.

Moi, de qui te ressemble
Je suis digne à peu près comme vous deux ensemble
De Timon !

DEUXIÈME SÉNATEUR.

Nous venons vous saluer ici
De la part du sénat d'Athènes.

TIMON.

Grand merci.
— Je voudrais, si la peste était en ma puissance,
L'envoyer parmi vous, pour seule récompense.

PREMIER SÉNATEUR.

Oubliez un affront que nous regrettons tous :
Notre sénat, — d'un cœur unanime, — et jaloux
De réparer sa faute, aujourd'hui vous rappelle
Vers Athènes ; — de plus, il offre à votre zèle
De hautes dignités vacantes parmi nous.

DEUXIÈME SÉNATEUR.

Il confesse tout haut sa dureté pour vous.

Le peuple même, — lui qui ne rétracte guère
Sa propre ingratitude, — entre dans une guerre
Difficile, et désire, en avouant ses torts,
Mériter le secours de vos vaillants efforts ;
Il nous envoie ici, touché de repentance,
Et veut, fort au delà, réparer cette offense.
Athènes saura bien effacer sans retour,
A force de richesse, et d'honneurs, et d'amour,
Les maux que vous a faits son injuste délire,
Et jusque sur vos traits elle prétend écrire
Son tendre amour afin d'y lire votre amour.

TIMON.

Je suis vraiment ravi ; mes larmes en ce jour
Sont prêtes à couler. Si vous me donniez l'âme
D'un fou, chers sénateurs, et les yeux d'une femme,
Je pleurerais de joie.

PREMIER SÉNATEUR.

Eh bien, revenez donc
Commander dans Athène, où vous aurez, Timon,
Au milieu des souhaits du peuple qui vous aime,
Un nom béni de tous et le pouvoir suprême.
D'Alcibiade alors, aidés par votre main,
Nous ferons mieux plier le courroux inhumain :
Lui, sanglier cruel, dont la sauvagerie
Cherche à déraciner la paix dans sa patrie.

DEUXIÈME SÉNATEUR.

Devant nos murs son glaive étincelle.

PREMIER SÉNATEUR.

Acceptez,
Timon.

TIMON.

Oui, j'y consens, monsieur ; — mais écoutez.
Allât-il immoler les habitants d'Athène,
Dites-lui que Timon n'en prend aucune peine ;
Si même Alcibiade au pillage odieux
Abandonne la ville, et si les blancs cheveux
De nos vieillards aimés subissent ses injures,
Ou s'il fait de la guerre éprouver les souillures
A nos vierges en qui brille la chasteté,
Portez-lui de ma part ces mots de vérité :
Je ne puis, par pitié du trépas d'une femme
Ou d'un vieillard, me dire ému jusque dans l'âme.
— Qu'il sévisse ! — et bien loin de vous préoccuper
De son glaive, offrez-lui vos têtes à couper ;
Il n'est pas, quant à moi, dans la terrible guerre,
De poignard acéré que mon cœur ne préfère
Aux jours du citoyen chez vous le plus fameux.
Donc, je vous abandonne à la garde des dieux,
Ainsi qu'à leurs geôliers des voleurs.

FLAVIUS.

Inutile

D'insister d'avantage ; il a l'âme indocile
Et ne cèdera point.

TIMON.

Je traçais de ma main
Mon épitaphe même : on la verra demain ;
Car je me sens guéri du long mal de la vie
Et sonde le néant de tout ce qu'on envie.
Eloignez-vous ; — vivez longtemps comme aujourd'hui
Fléaux d'Acibiade et désolés par lui !

PREMIER SÉNATEUR.

Nous parlons sans succès.

TIMON.

Croyez pourtant que j'aime
Ma patrie, et n'ai pas l'ingratitude extrême,
Comme le bruit en court, de me trouver heureux
Du naufrage public.

PREMIER SÉNATEUR.

On ne peut dire mieux.

TIMON.

Aux chers Athéniens, présentez mon hommage.

PREMIER SÉNATEUR.

A vos lèvres combien sied un pareil langage !

DEUXIÈME SÉNATEUR.

Vers notre oreille il vient comme un triomphateur
Que suit d'un peuple entier la joyeuse clameur.

TIMON.

Rappelez-leur Timon, — et dites à vos frères
Que, pour les consoler de leurs peines amères,
De la guerre pour eux si féconde en terreurs,
De leurs tristes amours, et de tous les malheurs
Qui peuvent assaillir, dans son rude voyage,
Notre barque fragile exposée à l'orage,
Je vais leur enseigner, par un avis certain,
A rendre le courroux d'Alcibiade vain.

DEUXIÈME SÉNATEUR.

Ceci me plaît; on voit s'éteindre sa colère.

TIMON.

Je possède en ces lieux un arbre séculaire,
Que pour moi je prétends abattre avant longtemps;
Dites à vos amis, infimes ou puissants,
Que, si l'un d'eux veut mettre un terme à sa tristesse,
Il vienne, — et de s'y pendre à l'instant il s'empresse (1).
Offrez-leur en mon nom de tendres compliments.

_____

(1) L'anecdote, relative à l'arbre de Timon, est empruntée à *Plutarque*,
(*Vie de Mare-Antoine*). — On la trouve également dans *Rabelais*. (*Pan-
tagruel*, ancien prologue du livre IV.)

FLAVIUS.

Laissez-le, — vos efforts resteraient impuissants.

TIMON.

Ne revenez jamais me voir sous cet ombrage;
Mais dites que Timon a choisi le rivage
Des mers, pour se bâtir un funèbre séjour
Où l'écume des flots pût monter chaque jour.
Qu'on vienne prendre alors ma pierre tumulaire
Pour oracle. — Exhalez un langage sévère,
O mes lèvres; après, que s'éteigne ma voix !
Que la peste réforme à défaut de nos lois !
Puisse ne s'occuper la triste espèce humaine
Qu'à creuser des tombeaux, et dans la mort prochaine
Trouver sa récompense ! — Ah ! fais place à la nuit,
Soleil, — obscurcis-toi ; car mon règne est détruit !

(Il s'éloigne.)

PREMIER SÉNATEUR.

La haine paraît trop liée à sa substance
Pour le quitter jamais.

DEUXIÈME SÉNATEUR.

Oui, toute l'espérance,
Qu'en lui nous avions mise, est morte; — il faut partir,
Et chercher un moyen plus sûr de prévenir
Le danger qui d'Athène attaque l'existence.

PREMIER SÉNATEUR.

Tàchons, pour y parer, de faire diligence.

(Ils sortent.)

Scène III.

Les murs d'Athènes.

(Entrent deux sénateurs et un messager.)

PREMIER SÉNATEUR.

Il t'a coûté beaucoup de soins pour être instruit ;
Et son armée, est-elle aussi forte qu'on dit ?

LE MESSAGER.

Plus forte ; mais pensez au danger qui menace :
Pour approcher des murs il dévore l'espace.

DEUXIÈME SÉNATEUR.

Notre péril est grand si Timon ne vient pas.

LE MESSAGER.

En revenant ici, je trouvai sur mes pas
Un autre messager, dont l'amitié m'est chère ;
Or, bien qu'il nous fallût suivre un chemin contraire,

Nous fûmes entraînés par ce commun penchant

A prendre du repos pour causer un instant.

Du camp d'Alcibiade il venait au plus vite,

Et chargé de porter, dans l'antre qu'il habite,

Une lettre à Timon ; on y voit qu'avec lui

Le général voudrait s'allier aujourd'hui

Dans cette rude guerre, en partie entreprise

Pour venger sur Timon l'injustice commise.

(Entrent les deux sénateurs qui étaient allés voir Timon.)

PREMIER SÉNATEUR.

Voici les envoyés !

TROISIÈME SÉNATEUR.

Timon ne viendra pas,

N'attendez rien de lui. — Déjà suivent nos pas

Les tambours menaçants, — et la troupe guerrière

Accourt en soulevant des torrents de poussière.

Allons nous préparer ; j'ai bien peur, mes amis,

Qu'Athènes ne succombe aux piéges ennemis.

(Ils rentrent dans la ville.)

Scène IV.

Les bois. — La caverne de Timon. — On aperçoit une tombe.

(Entre un soldat qui cherche Timon.)

LE SOLDAT.

C'est, dit-on, près d'ici qu'il fait sa résidence ;
Holà, quelqu'un ! — Personne, et partout le silence.

(Remarquant le tombeau.)

Timon sans doute est mort ; — un animal des bois
Peut seul avoir dressé la tombe où je le vois :
Quel homme approcherait d'un lieu si solitaire !

(Il se penche pour lire l'épitaphe.)

Ne pouvant déchiffrer ces signes sur la pierre,
En cire je prétends mouler l'inscription
Afin qu'Alcibiade y lise de Timon
Les suprêmes pensers. — Tout jeune, sa science
Des plus doctes vieillards prime l'expérience.
Mais n'est-il pas certain que la mort de Timon
Vaincra du général l'ardente passion !

Scène V.

Devant les murs d'Athènes

(Fanfares. — Entre Alcibiade avec ses troupes.)

ALCIBIADE.

Que la trompette annonce à cette impure ville,
Et lâche, les horreurs de la guerre civile.

(On sonne pour obtenir un pourparler.)

(Des sénateurs paraissent sur les murs.)

Vous avez jusqu'ici commis tous les forfaits ;
Et, loin de reculer devant aucun excès,
Vous avez pris pour loi vos uniques caprices.
Moi-même et tous ceux qui, malgré ses injustices,
Reposaient à l'abri d'un pouvoir redouté,
Nous avons jusqu'ici vagué dans la cité
Les bras croisés, — jetant au ciel notre souffrance
En soupirs étouffés ; — mais l'heure de vengeance
Arrive, où nos genoux trop longtemps abaissés
Se lèvent ardemment pour crier : c'est assez !
Sur vos sièges moelleux l'implacable colère
Va maintenant s'asseoir ; — et terrible, la guerre,
Au visage bouffi de sang et de fureur,
Va déchaîner sur vous le carnage et la peur.

PREMIER SÉNATEUR.

Jeune et vaillant guerrier, quand ta première plainte
Arriva jusqu'à nous, — et, devant que la crainte,
En te voyant armé, pût assiéger nos cœurs,
Nous avons envoyé vers toi des sénateurs
Chargés, pour adoucir ton courroux légitime,
D'offrir, en notre nom, mille marques d'estime.

DEUXIÈME SÉNATEUR.

Nous avons envoyé de même vers Timon
Afin d'en appeler à la froide raison
De son ressentiment contre la république,
Et nous avons promis, dans une humble supplique,
De réparer nos torts. — Nous ne fûmes pas tous
Cruels, Alcibiade : un semblable courroux
Ne doit pas nous frapper d'une égale ruine.

PREMIER SÉNATEUR.

Vois nos murs ! Penses-tu que leur seule origine
Soit la main de ceux-là qui purent t'offenser ?
Ces murs, ces monuments, les veux-tu renverser
Pour venger contre tous le tort d'un petit nombre ?

DEUXIÈME SÉNATEUR.

Ils ne vivent plus ceux dont la rancune sombre
Décida ton exil ; la honte et la douleur
Après cette imprudence ont déchiré leur cœur.
Marche, noble héros, entre dans notre Athène

Les enseignes au vent; et, s'il faut à ta haine
Une sanglante proie, — obéissant au sort,
Prends sur les habitants la dîme de la mort :
Que le hasard enfin marque pour la vengeance
Celui qui doit périr !

PREMIER SÉNATEUR.

Souviens-toi que l'offense
Ne venant pas de tous, on ne peut sans remords
Egorger les vivants pour châtier les morts :
Le crime comme un champ n'est point héréditaire;
Donc, conduis tes soldats, mais laisse ta colère
Hors des remparts; — épargne, ô cher concitoyen,
Athènes ton berceau; mais surtout songe bien
A ne pas immoler, dans ta fureur extrême,
Avec tes ennemis, ta famille elle-même.
Agis comme un berger, dont le coup d'œil certain
Discerne du mauvais le bétail resté sain,
Et ne va pas sans choix massacrer tout ensemble,

DEUXIÈME SÉNATEUR.

Quel que soit ton projet, général, il me semble
Que tu l'atteindras mieux encor par la douceur
Que par le glaive.

PREMIER SÉNATEUR.

Va; frappe d'un pied vainqueur
A nos portes d'airain : sitôt, pour te complaire,
On les verra s'ouvrir; députe en émissaire

Ton cœur devant tes pas annoncer que tu viens
Dans leurs murs — comme ami de nos concitoyens.

DEUXIÈME SÉNATEUR.

Jette ton gant de fer ou bien quelque autre gage
De ta foi, qui nous puisse assurer que la rage
De perdre la cité n'a point armé ton bras,
Mais le juste désir de ne t'abaisser pas
Devant l'affront subi ; — nous offrons un asile
A tes braves soldats, jusqu'à ce que la ville
Ait accompli tes vœux.

ALCIBIADE.

Tenez, voici mon gant,
Descendez, ouvrez-nous les portes à l'instant.
Je n'exige de vous pas d'autre sacrifice
Que de m'abandonner pour en faire justice,
Avec mes ennemis, ceux du noble Timon.
Sur le reste, calmez votre appréhension :
Pas un de ces guerriers n'enfreindra ma défense ;
Mais si l'un d'eux venait à commettre une offense
Il subirait des lois l'inflexible rigueur.

LES DEUX SÉNATEURS.

Sentiments généreux !

ALCIBIADE.

Songez que votre honneur
Est engagé.

12

(Les sénateurs descendent et ouvrent les portes.)

(Entre un soldat.)

LE SOLDAT.

Timon a fini sa carrière ;
Il est enseveli dans un lieu solitaire
Près des flots agités. — De cette inscription,
Mise sur son tombeau, j'ai fait l'impression
En cire, et je confie à votre expérience
Une empreinte où paraît assez mon ignorance.

ALCIBIADE, *lisant.*

« Sous cette pierre gît le corps d'un malheureux
« Privé d'une âme, à qui le destin fut affreux.
« Ne cherche pas mon nom ; la peste vous dévore,
« Misérables coquins qui respirez encore !
« C'est moi qui dors ici, Timon — du genre humain
« L'implacable ennemi. — Toi, qui sur ton chemin
« Rencontres cette tombe, — en détournant la face,
« Maudis selon ton gré ; maudis ; — mais surtout passe (1). »

---

(1). L'épitaphe de Timon, rapportée également dans *Plutarque* (*Vie de Marc-Antoine*), est ainsi traduite par *Amyot* :

« Ayant fini ma vie malheureuse,
« En ce lieu-cy, on m'y a inhumé ;
« Mourez, meschans, de mort malencontreuse.

Ces mots expriment bien tes derniers sentiments ;
Abhorrant des mortels jusques à leurs tourments,
Tu méprisais les pleurs versés en abondance
Et ceux qu'au moins sensible arrache la souffrance ;
Mais d'un penser sublime on te vit t'inspirer,
Le jour où tu voulus faire à jamais pleurer
Neptune sur ta tombe, en mémoire d'outrages
Couverts par le pardon. — Sauvé de nos orages,
Puisque Timon n'est plus, — lui dont le souvenir
Grandira plus illustre au lointain avenir,
— Amis, conduisez-moi dans votre ville altière :
Mon glaive y portera l'olive. — Ainsi la guerre
Enfantera la paix ; mais la paix contiendra
La guerre menaçante, et la Grèce verra
Vivre par l'union leur commune faiblesse.
— Allons, battez, tambours, en signe d'allégresse !

                                        (Ils sortent.)

« Sans demander comme je fus nommé.

« Icy, je fais pour toujours ma demeure,

« Timon encor les hommes haïssant,

« Passe, lecteur, en me donnant male heure,

« Seulement passe, et me va maudissant ! »

Mais, d'après Plutarque, il y aurait là deux épitaphes, de quatre vers chacune ; — la première, gravée seule sur le tombeau, serait de Timon lui-même, — la seconde, du poëte *Callimaque*.

ERRATA

(de Timon d'Athènes.)

Page 50, 6ᵉ vers, au lieu de : votre noble existence ?

    Lire : votre noble existence !

Page 71, 4ᵉ vers, au lieu de : Le sang froid et figé

    Lire : Froid et figé, le sang

Page 87, avant-dernier vers, au lieu de : Qu'offrit un jour Timon,

    Lire : Acceptés de Timon.

Page 100, 10ᵉ vers, au lieu de : Que dis-tu !

    Lire : Que dis-tu ?

Page 128, dernier vers, au lieu de : Terrassez du plaisir,

    Lire : Tarissez du plaisir

L'INTERMEZZO

POËME DE HENRI HEINE

**HENRI HEINE, né à Dusseldorf en 1797, est mort
à Paris en 1856.**

(Il a écrit l'INTERMEZZO en 1821-1822.)

Il n'est pas sans intérêt de citer les lignes suivantes d'un article sur l'*Intermezzo* publié par Gérard de Nerval, dans la Revue des Deux-Mondes, le 15 septembre 1848 :

« .... Le poëme intitulé Intermezzo est, à notre sens, l'œuvre peut-être la plus originale de Henri Heine. Ce titre, volontairement bizarre et d'une négligence un peu affectée, cache plutôt qu'il ne désigne une suite de petites pièces isolées et marquées par des numéros, qui, sans avoir de liaison apparente entre elles, se rattachent à la même idée. L'auteur a retiré le fil du collier, mais aucune perle ne lui manque. Toutes ces strophes décousues ont une unité, — l'amour. C'est là un amour entièrement inédit, — non qu'il ait rien de singulier, car chacun y reconnaîtra son histoire ; ce qui fait sa nouveauté, c'est qu'il est vieux comme le monde, et les choses qu'on dit les dernières sont les choses naturelles. — Ni les Grecs, ni les Romains, ni Mimnerme, que l'antiquité disait supérieur à Homère, ni le doux Tibulle, ni l'ardent Properce, ni l'ingénieux Ovide, ni Dante avec son platonisme, ni Pétrarque avec ses galants *concetti*, n'ont jamais rien écrit de semblable. Léon l'Hébreux n'a compris rien de pareil dans ses analyses scolastiques de la *Philosophie d'amour*. Pour trouver quelque chose d'analogue, il faudrait remonter jusqu'au *Cantique des Cantiques*, jusqu'à la magnificence des inspirations orientales. Voilà des accents et des touches dignes de Salomon, le premier écrivain qui ait confondu dans le même lyrisme le sentiment de l'amour et le sentiment de Dieu.......... »

INTERMEZZO

PRÉLUDE

C'est l'antique forêt pleine d'enchantements.
La senteur du tilleul odorant s'y déploie;
La lune, dont l'éclat merveilleux fait ma joie,
Semble inviter mon cœur à des pensers charmants.

J'allais; en avançant, du bruit se fit entendre
Dans l'air : un rossignol, à la voix douce et tendre,
Chante l'amour heureux, et chante ses tourments.

Il chante de l'amour les peines et les charmes,
Les sourires joyeux, les regrets et les larmes;
Il s'agite si triste et gémit si content,
Que mon rêve oublié se réveille à l'instant !

Je m'avançais plus loin, — lorsque, dans la pénombre,
Un immense château parut devant mes yeux.

Tout était clos; auprès, tout était morne et sombre;
On eût dit, en voyant les murs silencieux,
Que la mort taciturne habitait en ces lieux.

Couché devant la porte, un sphinx surprit mon âme,
D'un aspect tout ensemble affreux et séducteur;
Il avait d'un lion le corps supérieur
Et les griffes, — la tête et les reins d'une femme.

De la plus belle femme ! Inondé de désirs,
Son regard appelait de sauvages plaisirs;
Le sourire parait ses lèvres arrondies.

Le rossignol chantait si douces mélodies !
Je cédai; d'un baiser, vainement retenu,
A peine eus-je effleuré cette bouche attrayante,
Je me sentis saisi par un charme inconnu.

La figure de marbre alors devint vivante.
La pierre commençait à jeter des soupirs.
Elle but mon baiser d'une soif dévorante.

Elle aspira ma vie, et ma force expirante;
Haletante et fiévreuse à l'effort des plaisirs,
Ses griffes de lion, d'une étreinte cruelle,
Déchirèrent enfin mon pauvre corps rebelle.

Délicieux martyre, et bonheur douloureux,
Souffrance et volupté sans bornes toutes deux !
Tandis que ses baisers m'enivraient de leurs flammes,
Je me sentais meurtri par ses ongles infâmes.

Le rossignol chanta : « Beau sphinx, ô mes amours !
« Pourquoi mêler la peine à nos bonheurs toujours ?

« O cher amour ! dis-moi cette énigme des femmes.
« — Pour moi, depuis mille ans j'y pense tous les jours ! »

I.

En mai, quand les bourgeons naissants rompaient l'écorce,
L'amour s'épanouit dans mon cœur avec force.

Quand les oiseaux chantaient, en mai, mois des beaux jours,
A ma belle j'osai confesser mes amours.

II.

Entends tous ces soupirs qui chantent en mon âme;
Vois ces fleurs, mon enfant, qui naissent de mes pleurs.

Si, par un peu d'amour, tu reconnais ma flamme,
A toi seront ces chants, à toi seront ces fleurs.

III.

Je ne les aime plus mes anciennes délices,
Soleil, colombes, lis, roses, charmants calices
De mes fleurs du printemps ! — A toi seule mon cœur ;
Toi seule es tout pour moi, roses, lis et bonheur !

IV.

Tes beaux regards me font oublier ma tristesse,
Et tes tendres baisers guérissent mes douleurs.

Appuyé sur ton sein, je nage dans l'ivresse ;
Pourtant un doux aveu me fait verser des pleurs.

V.

Viens, ton front sur mon front, que nos pleurs les inondent ;
Dans une même ardeur que nos cœurs se confondent.

Viens pleurer avec moi, dans mes bras ;... en ce jour,
Je mourrai de bonheur dans un transport d'amour !

VI.

Je veux baigner mon âme au sein du pur calice
D'un lis blanc ; car, pour toi le lis doit moduler
Un chant,

       Tel qu'un baiser, — souvenir de délice ! —
Qui semble doucement frissonner et trembler.

VII.

Je comprends aujourd'hui le douloureux langage
Que, depuis si longtemps, les astres amoureux
Se parlent du regard à la voûte des cieux.

Belle langue; pourtant philologue ni sage
Ne la sait.
    Moi, j'entends ce parler radieux,
Et ne l'oublierai pas; — j'ai lu sur son visage.

VIII.

Je te transporterai dans un jardin charmant,
Sur l'aile de mes chants, aux rivages du Gange;

Là les fleurs du lotus, tes sœurs, ô mon bel ange,
T'appellent;... en ces lieux brille l'astre d'argent;
De la nuit embaumée il vient parer les voiles.

Nous y verrons les fleurs, aux espiègles regards,
Rieuses et jasant, clignoter aux étoiles,
Les roses se parler, courir les daims hagards.
Nous entendrons au loin le bruit des saintes ondes.

Nous rêverons;... ces nuits en rêves sont fécondes !

IX.

Le lotus ne sait point supporter le soleil,
Et la tête penchée, il attend son réveil.

La blonde lune vient l'éveiller, douce amante,
Elle ouvre tendrement sa corolle charmante.

Il rougit et se dresse; on l'entend soupirer
Son angoisse d'amour, tressaillir et pleurer.

X.

Sur les rives du Rhin, dans Cologne sacrée,

Est, sous le dôme immense, une vierge dorée,
Qui sur ma triste vie a toujours rayonné.

Avec soin tous les jours on pare sa chapelle,
Et d'anges et de fleurs son autel est orné ;
Elle a le doux sourire et les yeux de ma belle !

XI.

Qu'importe si tu dis que tu ne m'aimes pas:
Je regarde tes yeux et j'écoute tes pas.

Tu me dis : je te hais; — un baiser me console.
A ma bouche tu tends ta bouche rose et folle.

XII.

Non, non, ne jure pas;... un baiser seulement !
Je n'ai point confiance au plus tendre serment.

La parole est bien douce, — un baiser plus encore.
La parole n'est rien, souffle vain et sonore !

Oh ! jure, jure-moi des serments amoureux ;
Tu m'aimeras toujours et plus longtemps encore,
Je le crois ; — sur ton sein combien je suis heureux !

XIII.

Combien j'ai composé sur ses yeux de romances !
Sur sa bouche combien j'écrivis de couplets !
Oui, sur ses yeux j'ai fait les plus superbes stances.
Ah ! que n'a-t-elle un cœur ! — je ferais des sonnets.

XIV.

Le monde est bien stupide et le devient sans cesse ;
Il médit de ton cœur, ô ma belle maîtresse !

L'aveugle, en son erreur, te méconnaît toujours :
Tu ne l'as pas étreint de ta douce tendresse,
Et couvert de baisers dans tes brûlants amours !

XV.

Es-tu née, oh ! dis moi, du cerveau d'un poëte,
Vision enfantée aux jours chauds de l'été ?

Poëte n'a jamais créé si belle tête,
Et si jolie enfant de céleste beauté !

Des vampires affreux et des monstres livides,
Vous en créez souvent, ô poètes rêveurs.

Mais vous ne créez point ces yeux doux et perfides,
Ce sourire malin et ces traits enchanteurs.

XVI.

Comme Vénus sortant de l'onde parfumée,
Plus belle que jamais paraît ma bien-aimée ;
Des noces c'est le jour,... elle prend un époux.

Allons, mon triste cœur, allons, point de courroux !
N'es-tu point patient ? Va, souffre sans colère,
Excuse ce que fait une folle si chère.

XVII.

Non, je ne t'en veux pas malgré tous mes tourments.
Je te perds, et sur toi brillent les diamants ;
Pas un de leurs rayons ne tombe sur ton âme.

Dans la nuit de ton cœur te mordent des serpents.
Un rêve me l'apprit : tu souffres, pauvre femme !

XVIII.

Je te sais malheureuse, et je ne t'en veux pas ;
Nous serons malheureux tous deux jusqu'au trépas.

Je vois ton sein gonflé d'une fierté suprême,
Moqueuse je te vois, je vois briller tes yeux,
Et te sais misérable, autant, plus que moi-même.

Tu pleures en secret, et ton sein orgueilleux
Est rongé sourdement, à la douleur en proie :
Tu ne connaîtras plus le plaisir ni la joie.

XIX.

L'as-tu donc oublié ? j'ai possédé ton cœur,
Ton petit cœur si doux, si mignon, si menteur,
Que rien n'est plus mignon, plus menteur sur la terre.

Mon cœur était navré d'amour et de douleur ;
Lequel était plus grand ? C'est un triste mystère !

XX.

Si les fleurs connaissaient mes poignantes douleurs,
Elles viendraient mêler leurs larmes à mes pleurs.

Les rossignols, sachant les chagrins que j'endure,
Viendraient, pour m'égayer, chanter sous la verdure.

Et les étoiles d'or, quittant le firmament,
Me viendraient consoler de mon triste tourment.

Seule tu sais ma peine, ô toi, ma toute belle,
Et c'est toi qui m'as fait cette peine cruelle !

XXI.

Les roses des jardins se couvrent de pâleur.

Tristes, sur le gazon tombent les violettes.

Plaintives, dans les airs chantent les alouettes,
Et des jasmins s'élève une morne senteur.

Le soleil brille aux prés d'une froide lueur.
Dis-moi pourquoi cela ? pourquoi, ma bien-aimée ?
Pourquoi la terre exhale une odeur de tombeaux,
Qui court avec la brise autrefois embaumée ?

Moi, je suis affaissé sous le poids de mes maux.
Pourquoi m'as tu quitté, ma chère] bien-aimée ?

XXII.

Je le sais, sur mon compte ils ont beaucoup jasé,
Pris des airs attendris; mais de mon cœur brisé
Certe ils ne t'ont point dit la réelle souffrance.

Ils t'ont dit gravement, trompant ton innocence,
Ils t'ont dit que j'étais un diable séducteur.

Mais ils ne savaient pas ma plus dure souffrance,
Car je cachais le mal qui torturait mon cœur.

XXIII.

Le rossignol chantait sa charmante romance ;
Le tilleul fleurissait ; le soleil gracieux,
Souriant, conviait les cœurs à l'espérance :
Tu m'embrassais alors, — instants délicieux !
Sur mon sein palpitait ta poitrine agitée.

Puis les feuilles tombaient, croassait le corbeau,
La lumière du jour paraissait attristée,
Le soleil pâlissait, lui naguère si beau.
Nous nous disions : Adieu ! non, plus de confiance !
Alors tu me faisais ta froide révérence.

XXIV.

Nous nous sommes chéris et jamais emportés,
Simulant deux époux, point du tout disputés.
Nous nous sommes donné des baisers avec rage.
Nous avons évoqué les jours du premier âge ;
Jouant à cache-cache au milieu des grands bois,
Nous nous sommes cachés avec un tel courage
Que nous nous sommes vus pour la dernière fois.

XXV.

Pendant de bien longs jours tu m'as été fidèle,
Souvent tu consolas ma misère cruelle.

Tu m'as donné souvent le boire et le manger,
Et le linge et l'argent qu'il faut pour voyager.

Dieu te garde du chaud, du froid, de la souffrance !
Du bien que tu m'as fait qu'il ne te récompense !

XXVI.

Aux pays étrangers quand j'étais rêvassant,
Le temps parut trop long à cette douce amante ;
De noces elle mit une robe charmante,
Prit un sot, l'enlaça de son bras caressant.

Ses yeux étaient si beaux ! Elle était si jolie !
Je me suis éloigné. — Partir ! quelle folie !

XXVII.

Lorsque tu dormiras dans le sombre tombeau,
Froide, je descendrai dans ton triste caveau.

J'irai te réchauffer de mes flammes ardentes,
Te couvrir des baisers de mes lèvres brûlantes ;
Je veux, en frissonnant, mourir dans ton cercueil,
Mourir enveloppé dans le même linceul !

Minuit sonne, et des morts les troupes nébuleuses
Dorment.... Restons couchés, nos ombres sont heureuses !

Les morts sont appelés au dernier jugement ;

Mais nous, restons couchés dans cet embrassement !

XXVIII.

Un sapin tristement se dresse solitaire
Sur le sommet désert d'un âpre mont du nord ;
La glace, les frimas chargent sa tête altière,
Et la couvrent ainsi qu'un manteau blanc... Il dort !

Il rêve d'un palmier qui, brûlé, morne et sombre,
Dans l'Orient lointain se désole sans ombre.

XXIX.

Si j'étais le coussin tant foulé par ses pas,
Dit la tête, — pour moi, je ne me plaindrais pas.

Je ne me plaindrais pas si j'étais sa pelote,
Et piqué jusqu'au sang je me réjouirais,
Dit le cœur.   Si j'étais même sa papillotte,
Dit enfin la chanson, — eh ! bien, je chanterais,
Et ce qui vit en moi tout bas je lui dirais.

XXX.

Etait-elle bien loin, je ne savais plus rire.
En vain s'évertuaient mille pauvres railleurs,
Ils ne m'égayaient pas de ce qu'ils pouvaient dire.

Je l'ai perdue, et suis brisé par mes douleurs,
Et mes yeux desséchés ne versent plus de pleurs.

XXXI.

Je fais de mes chagrins des chansons qui s'envolent,
Avec un bruit charmant, vers cet ange enchanteur.

Elles vont; — au retour jamais ne me consolent,
Et cachent, se plaignant, ce qu'a montré son cœur.

XXXII.

Je ne puis oublier que j'avais ta tendresse,
Et ton corps et ton âme, ô ma douce maîtresse.

Je le voudrais toujours, ce corps svelte et si beau.
Pour ton âme, tu peux la mettre en un tombeau,
L'ensevelir; — j'en ai bien assez pour moi-même.

Mon âme, je voudrais la partager en deux,
T'en donner la moitié.... Que nous serions heureux !
Pour jamais enlacés dans un baiser suprême,
Nous ne ferions plus qu'un, fortunés comme aux cieux !

XXXIII.

Sautant comme des daims, saluant la nature,
Des bourgeois en toilette, avec de joyeux cris,

Dans les prés et les bois admirent la verdure,
Et l'agile ruisseau, de leurs yeux éblouis.
Ils savourent charmés, de leurs longues oreilles,
Ainsi que l'on ferait de suaves merveilles,
Et d'airs mélodieux, les chansons des moineaux.

Pour moi, soigneusement je ferme mes rideaux,
Et je vous vois venir, spectres chéris et sombres !

Amour défunt, tu sors du royaume des ombres,
Près de moi tu t'assieds et tu verses des pleurs,
Par tes larmes tu fais revivre mes douleurs !

XXXIV.

Maints souvenirs anciens, renaissant à la vie,
S'éveillent en mon âme, et du sépulcre froid
Se lèvent tristement. — Ils viennent, ma chérie,
Me retracer le temps écoulé près de toi.

Pendant le jour, j'errais, en songeant, par les rues ;
Sombre, je traversais les stupides cohues....

Aux heures de la nuit c'était encor bien mieux !
Mon ombre et moi, vaguions tous deux silencieux
A travers la cité déserte et solitaire ;

Et puis, quand sur le pont mon pas retentissait,
La lune saluait avec un air sévère.

Regardant tes rideaux, mon âme gémissait.

Je le sais, bien souvent, de ton charmant asile,
Ainsi tu m'aperçus me tenant immobile.

XXXV.

Hermann, au cœur ardent, Hermann est amoureux;
Plein d'une folle ivresse, il adore Julie,
Et celle-ci Wilhelm, lequel épouse Ellie.

Julie, en l'apprenant, de dépit douloureux,
Dans les bras d'un époux, sans attendre, se jette;
Et la jalouse enfant prend le premier venu.
Hermann pleure l'ingrate, et son cœur la regrette.

C'est un conte nouveau, bien que déjà connu :
Malheureux le héros d'une histoire semblable !
Que sa vie est amère et triste et misérable !

XXXVI.

Quand j'entends résonner sa chanson d'autrefois,
La douleur me saisit de ses froides étreintes.

Et malgré moi poussé vers les hauteurs des bois,
Je vais seul y pleurer et soupirer mes plaintes.

XXXVII.

J'ai rêvé d'être assis près d'une enfant de roi,

Sous les châtaigniers verts la tenant embrassée :

« Tout ce que veut mon cœur, fleur de beauté, c'est toi,
C'est toi seule, ô charmante et chère fiancée !
Non, ce n'est pas le sceptre ou la couronne d'or
Du roi que je demande.... Oh ! non, c'est plus encor,
C'est ton âme, ton corps, ton amour, c'est toi-même ! »

Elle répond : « Couchée en un sombre caveau,
« Libre, quand vient la nuit, j'accours vers toi, je t'aime,
« Je t'aime, et je suis morte, et j'habite un tombeau ! »

XXXVIII.

Nous voguions tous les deux, aimable et toute belle,
Assis dans une svelte et légère nacelle,
Sur un vaste océan par la lune argenté.
C'était une sereine et calme nuit d'été.

Des esprits vaguement l'île mystérieuse
Se dessinait, dans l'ombre, au loin, devant nos yeux ;
Le vent nous apportait des sons délicieux,
Et l'on voyait flotter leur danse nébuleuse.

En approchant, les sons devenaient plus charmants.
Et les pas de leur ronde étaient plus entraînants ;
Mais nous deux, en pleurant, brisés par la souffrance ;
Nous deux, sur cette mer, voguions sans espérance !

XXXIX.

Que le monde finisse en s'écroulant un jour,
Dans ses débris encor fumera mon amour !

XL.

Pendant une brillante et chaude matinée,
Errant dans un jardin, j'allais silencieux.

Les fleurs causaient, jasaient, et de ma destinée
Avaient compassion : « Triste et pâle amoureux,
« Dit leur voix, sur mes maux doucement attendrie,
« Ne garde pas rancune à notre sœur chérie ! »

XLI.

Combien l'âme est émue, et le cœur attristé,
Par un récit fatal, affreux, mélancolique,
Conté sous les tilleuls dans une nuit d'été !
Ainsi luit mon amour, sombre, ardent, magnifique.

Dans un riant jardin, enchanté, ravissant,
Que la lune éclairait de ses blondes lumières,
Emus et transportés d'un bonheur enivrant,
Muets, se promenaient deux amants solitaires ;
Les oiseaux roucoulaient leurs chants joyeux et doux.

L'amante s'arrêta, belle et calme statue,

Immobile; — l'amant se mit à ses genoux.
Vient le géant des monts, elle s'enfuit.

                      Il tue

Le noble chevalier, et s'en va lourdement....
Voilà le conte; — on peut m'enterrer maintenant !

XLII.

Quelques-uns par l'amour, et d'autres par la haine,
Hélas ! m'ont fait pâlir et blêmir de chagrin.

Ils ont également empoisonné mon pain,
Empoisonné mon verre et l'eau de ma fontaine.

Celle, par qui le plus il m'a fallu souffrir,
Est celle qui n'a pu m'aimer, ni me haïr !

XLIII.

Ton cœur est froid, glacé, — brûlant est ton visage.

Mais un jour je verrai, ma divine beauté,
L'hiver sur ton visage, et puis venir l'été,
Qui, dans ton cœur plus chaud, marquera son passage.

XLIV.

Deux amants au départ, en se donnant la main,
Se mettent à pleurer et soupirer sans fin.

Nous n'exhalâmes point de paroles plaintives;
Mais nous avons pleuré bien des larmes tardives.

XLV.

Tout en prenant le thé, — gravement l'autre jour,
Auprès du feu causant, ils parlaient de l'amour.
Les hommes, plus savants, faisaient de l'esthétique,
Les dames raisonnaient avec le sentiment :

« L'amour, à mon avis, doit être platonique,
« Dit un monsieur chétif, membre du parlement. »
La conseillère rit d'un air fort ironique ;
Pourtant on l'entendit qui soupira tout bas,
Lorgnant du coin de l'œil son maigre époux : « Hélas ! »

« Il détruit la santé d'une façon cruelle,
« Si l'on ne sait user de modération,
« Dit un gros révérend. » — Lors, une demoiselle :
« Eh mais ! pourquoi cela ? pourquoi ? — s'écria-t-elle ? »

« L'amour, dit la comtesse, est une passion, »
Et dolente, elle offrit une tasse au baron.

En ce salon, ma chère, était vide ta place ;
N'aurais-tu pas donné ton avis avec grâce ?

XLVI.

Tous mes chants sont amers, et comme empoisonnés ;
Tu versas du poison sur la fleur de ma vie.

Je porte dans mon cœur des serpents déchaînés ;
Le tien est-il tranquille, ô ma toute chérie ?

XLVII.

J'ai retrouvé mon rêve et ma nuit du printemps,
Où nous jurions tous deux d'être à jamais fidèles,
Où les serments d'amour succédaient aux serments ;
Assis sous les tilleuls, que ces nuits étaient belles !

Que nous étions rieurs, et joyeux, et contents !
Oh ! les tendres baisers ! l'heureuse confiance !
Pour que de mon serment je garde souvenance,
Tu me mordis la main avec tes blanches dents.

Ma douce bien-aimée, ange aux regards ardents,
Aux yeux d'azur, — dis-moi pourquoi cette blessure ;
Le serment suffisait, — à quoi bon la morsure ?

XLVIII.

Et j'allai, sur un mont ;…. j'y fus sentimental.
Je redis mille fois, pleurant mon sort fatal,
Et les maux que m'a faits la fortune cruelle :
« Quel serait mon bonheur si j'étais un oiseau ! »

Au gré de mes désirs, que ne suis-je hirondelle,
Vite, je volerais auprès de ton carreau,
Et bâtirais mon nid tout contre ta fenêtre !

Ainsi qu'un rossignol, ah ! si j'avais pu naître,
La nuit sous les tilleuls pour toi je chanterais.

Si j'étais un serin, eh bien ! je jaserais ;
Cet oiseau babillard te plaît, belle maîtresse,
Bavardant avec toi, j'obtiendrais ta tendresse !

XLIX.

Morte je t'ai rêvée, et j'ai versé des pleurs,
Et le réveil n'a point apaisé mes douleurs !

J'ai rêvé ton départ, et pleuré ton absence,
Et le réveil n'a point adouci ma souffrance !

Une nuit j'ai rêvé que tu m'aimais toujours,
Et je répands encor des pleurs sur nos amours.

L.

En songe je te vois chaque nuit souriante ;
Je sanglotte et me jette à tes pieds gracieux.

Je te vois secouer ta tête si charmante,
Des pleurs diamantés tombent de tes beaux yeux !

Tu m'offres un bouquet, et dis une parole,
Je me réveille, — alors la vision s'envole ;
Je n'ai plus le bouquet, mais je garde le mot
Enfoncé dans mon cœur ainsi qu'un javelot !

LI.

Il pleut ! — Le vent du nord mugit avec colère !
Où donc est aujourd'hui cette timide enfant ?

Dans sa chambre là-bas je la vois solitaire,
Sur la fenêtre elle est penchée et s'appuyant ;
De pleurs aux flots pressés son visage s'inonde,
Et son regard pensif court dans la nuit profonde.

LII.

En automne souvent, par des soirs longs et froids,
Couvert d'un manteau gris, je traverse le bois.

Je chevauche rêveur ;... j'entends souffler la bise,
Et je songe à l'objet dont mon âme est éprise ;
Par mes rêves porté, joyeux comme autrefois,
Jusques à la demeure où vit mon adorée,

Je pense voir ses chiens, entendre leurs abois,
Et voir la valetaille, à la mine affairée,
Apporter les flambeaux de vieux cuivre luisant ;
Mes éperons d'acier, au bruit retentissant,
Sonnent sur les degrés.
                 Je vois ma bien-aimée
Dans une vaste chambre et d'odeurs parfumée ;
Sur de soyeux coussins elle est là qui m'attend,
Et je cours dans ses bras,... ses bras qu'elle me tend.

Le vent murmure alors : Que ton songe s'achève !
Et le chêne me crie : Insensé, c'est un rêve !

LIII.

De son étincelant et lumineux séjour,
O présage ! — je vois une étoile qui tombe :
C'est l'astre qui d'en haut protégeait notre amour.

Je vois plonger le cygne en sa liquide tombe,
Près du bord, loin du bord, après que sur l'étang
Il a fait cent détours toujours plus bas chantant.

Les feuilles des pommiers au vent sont emportées,
Et les fleurs dans les airs sont follement jetées.

Il est tombé des cieux notre astre étincelant,
Tout est sombre ; — du cygne on n'entend plus le chant !

LIV.

Un rêve m'a porté dans un château magique,
D'éclat resplendissant, immense, magnifique.
Une foule bizarre et de toutes couleurs,
Que je voyais se tordre en d'affreuses douleurs,
S'efforçait de sortir. — Perdu dans cette foule,
Moi je me vis bientôt entraîné par la houle.

Tout ce monde inquiet disparut promptement....

Comment ?.... je ne sais pas. — Dans cet étonnement,
Je me sentais au cœur des angoisses mortelles,
Mes pieds étaient de plomb, et mes jambes rebelles ;
En vain, désespéré, je cherchais à sortir
Quand je trouvai le seuil : — et j'allais le franchir.
O ciel ! qui vient ici défendre le passage ?

Quoi ! c'est ma bien-aimée au soucieux visage,
Et portant sur le front son douloureux chagrin ;
Je reculais, et vis un signe de sa main.
Etait-ce un doux conseil, ou bien était-ce un blâme ?
Dans ses beaux yeux brillait une charmante flamme ;
Son front était sévère et pourtant plein d'amour....
Je m'éveillai frappé par les rayons du jour.

LV.

Dans une froide nuit, triste, silencieuse,
— Lamentable, j'errais dans la forêt brumeuse ;
Les arbres s'éveillant, secoués par mes mains,
Attendris, semblaient prendre en pitié mes destins.

LVI.

Lorsque des malheureux sont morts du suicide,
Ils sont ensevelis au carrefour aride ;
On y trouve une fleur d'un bleu pur et limpide,
Qui porte un triste nom : c'est la fleur des damnés !

Je m'arrêtai le soir au carrefour aride,
Et regardai, pleurant mes jours infortunés,
L'astre des nuits briller sur la fleur des damnés !

LVII.

La morne obscurité m'entoure, chère belle ;
Tes beaux yeux tant aimés jadis m'éblouissaient.

De l'étoile d'amour les clartés m'éclairaient ;
Un gouffre est à mes pieds.... Viens donc, nuit éternelle !

LVIII.

J'avais les yeux voilés et le cœur engourdi,
Je ne pouvais parler ; du plomb fermait ma bouche.
Dans un triste caveau la tombe était la couche
Où mon corps reposait par la mort refroidi...

Et je dormis ainsi pendant bien des nuits sombres ;
Une voix m'appela :

                    « Sur l'empire des ombres
Luit le jour éternel, les morts ressuscités
Se réveillent enfin pour les félicités ;
Lève-toi, cher Henri, viens, lève-toi, mon âme ! »

« — Je ne puis me lever, les pleurs, comme une flamme
Ardente qui dévore, ont consumé mes yeux. — »

« Je veux par mes baisers te rendre la lumière ;

Tu reverras encor les anges radieux,
Le soleil éclatant, et la splendeur des cieux. »

« — Trop faible, je ne puis me soulever de terre ;
Mon pauvre cœur meurtri, mon cœur saigne toujours,
Du mot qui l'a blessé, dit par toi, mes amours,
Je souffre encore, hélas ! et mon mal toujours dure. — »

« Henri, je poserai la main sur ta blessure ;
Ce cœur, que j'ai blessé, je saurai le guérir. »

« — Le plomb qui m'a tué, lorsque je t'ai perdue,
Fait s'échapper du sang de ma tête fendue. — »

« Mes cheveux sur ton front, tu ne vas plus souffrir. »

Douce, la voix parlait à mon âme charmée,
Et je voulus aller vers cette bien-aimée
Qui me tendait les bras ;
                              Mais les flots de mon sang,
Avec bien plus de force et plus de violence,
Des blessures soudain jaillirent s'élançant,...
Et je me réveillai toujours sans espérance !

ÉPILOGUE.

Il s'agit d'enterrer les vieux et mauvais chants,
Les tristes souvenirs, et les rêves pesants ;
Le cercueil qu'il me faut est un cercueil immense.

J'y veux ensevelir beaucoup plus qu'on ne pense!...
Qu'il soit solidement fait de chêne et de fer !
Allez me le chercher. — Je le veux plus immense
Et plus vaste que n'est la tonne d'Heidelberg,

Bien plus large et plus long que le pont de Mayence.

Cherchez douze géants qui soient plus vigoureux
Et plus forts que n'était ce Christophe fameux,
Qu'on voit représenté dans Cologne la fière.

Il faut que les géants, emportant cette bière,
S'en aillent la jeter dans le vaste Océan :
Pour un pareil cercueil il est seul assez grand !

Le cercueil qu'il me faut, est un cercueil immense :
J'y veux ensevelir mon amour, ma souffrance !

Châlons-sur-Marne, imp. H. Laurent.

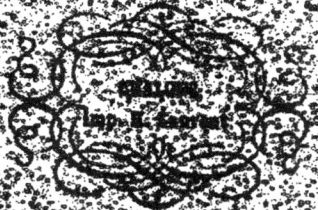

www.ingramcontent.com/pod-product-compliance
Lightning Source LLC
Chambersburg PA
CBHW060031100426
42740CB00010B/1686